所有經歷，都是為了成就更好的你

何權峰 著

高寶書版集團

作者序／

所有經歷都是為了成就更好的你

這一年來，你對自己還滿意嗎？是否吃了許多苦、走錯路、做錯不少事？是否為自己的某些行為感到後悔？你是否關係遇到問題？是否受到委屈、被辜負、受傷害？你是否常覺得失意沮喪、人生無望、活得沒意義？

人生，原本就是一個不斷學習的過程，我們都是從跌倒再站起來才長大，從懵懂無知到成熟透徹。你覺得迷茫就對了，你覺得無助就對了；其實我們每個人都一樣，都是一邊跌倒，一邊含著淚奔跑；一邊受傷，一邊變得堅強，這些讓我們不斷成長的代價就是經驗。

有句印度諺語說：「沒有不好的經驗，只有好的經驗或是學習的課業。」

命運不會捉弄人，只會讓我們與真實的自己相逢。我們很可能在人生的歷程中，都在同一個問題打轉，直到勇敢面對並學會解決。

沒有任何一段經歷是白費，無論你遇見誰，他一定會教你一些什麼。不是讓你看清別人，就是明白自己。如果他沒有給予你想要的，那他就是讓你明白你不想要的。如果他對你的方式讓你厭惡，他一直沒改變，表示你也一直沒改變。

沒有任何一段路是白走，那些你吃過的苦、走彎的路、承受的累、滴下的汗水，最終都成為你成長的養分。那些苦痛或逆境，或許難以接受，但在過後都可能出乎意料地帶領你突破現況。那些讓你遠離幸福的，也使你清楚幸福。

失敗不可怕，可怕的是失去勇氣和希望。失去愛人不可怕，可怕的是失去愛的能力。失意不可怕，可怕的是太在意失去而丟失了美好的自己。

每天見很多人都抑鬱不快，衣食無虞卻得不到滿足，信息發達對未來卻渾頓不清，鎮日匆忙、焦慮、煩躁不安，也因此喪失了對幸福的感知。要知道，快樂不代表一切都很完美，而是不去糾結於那些不完美。生活不是看別人怎麼過，而是自己想怎麼過。與其羨慕別人，不如活成你羨慕的樣子。快樂是自己的，無需任何人來證明；幸福是自己的，沒必要去跟別人比。

接受生活本來的樣子，因為這就是你的人生啊。所有經歷都是為了成就更好的你，所有失去都會以另一種方式回來。不要被一時的困頓打敗，堅守自己認為有價值的事，投入熱情，散播快樂，讓世界因你的存在更美好——在新的一年，給自己一個新開始。

CONTENTS

人際關係

可以看清別人，但更重要的是明白自己

個人成長

所有的經歷，都是為了成就更好的你

CONTENTS

快樂幸福

貢獻自我

讓你的存在，成為別人的祝福

肯定自己

需要的不是討好，而是看見自己的好

不論多完美，都會有人討厭你

這世上最吃力不討好的事，就是想討好所有人。

有人喜歡你，就會有不喜歡的，這是再自然不過的事。就像有一朵花很香，就是有人討厭它的香味；有人喜歡榴槤為之痴迷，不喜歡的人卻退避三舍。有人喜歡香菜，覺得沒加就是少一味，也有人聞到就覺得噁心想吐。

想想看，如果今天有人不喜歡香菜，那香菜應該難過嗎？有人討厭榴槤，榴槤就開始懷疑自己，嫌自己不夠好嗎？不，它只要「做自己就好」。

「為什麼他不喜歡香菜？為什麼他們討厭榴槤？」一般人都會將注意力集中在「討厭你的人」，執著在想不透對方討厭自己的理由，這不過是白費力氣。

別人喜不喜歡，你無從得知，也管不了，控制不了。

即使你做的再好，也會有人不滿意

朋友的太太快人快語，常得罪人。後來她努力改變，婆婆卻覺得她說話拐彎抹角，還懷疑她是「雙面人」。

一個社團幹部私訊，他自認負責盡職，熱心服務，還有人背後說一些難聽的話，他覺得委屈，憤懣，甚至灰心喪氣。

有位學生，成績很好，倍受讚賞，卻成了排擠的對象。有一次她走進教室，看到一群女孩圍在一起愉快地聊天，當她走過去，便一哄而散，她深受打擊，還懷疑自己是不是做人失敗。

與人相處有太多問題讓人想不透，明明盡心盡力，為何還有人指指點點？明明自己沒有任何意圖，為何老被他人扭曲成別有心機？明明對你讚譽有加，

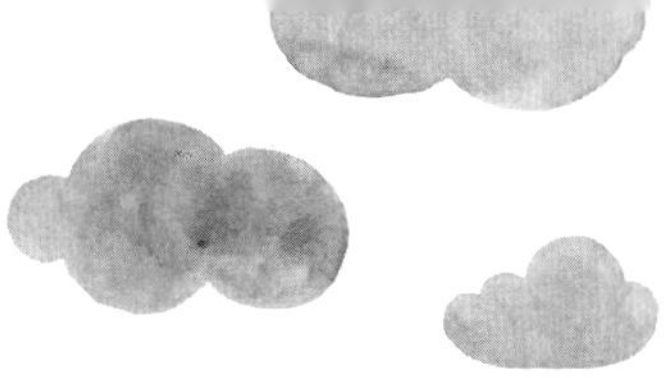

背後卻批評挑剔，而且是同一個人？

你不是做人失敗，而是對人還沒有全面的了解。不管你做什麼，總有人挑錯；無論你怎麼做，總有人批評；你冷淡說你是清高，你熱情說你是虛偽，你盡心盡力說你愛現，你真心說你是假意。你人再好，都會有人對你酸言酸語；不管你多麼努力，都不可能讓所有人都滿意。

大衛發現公司新來的主管很喜歡到辦公室突擊檢查。為了給主管留下好印象，他特別把桌上清理的一乾二淨。結果，主管非但沒讚譽，反而說：「你看起來很清閒，希望你的腦子不是一片空白才好。」

經過這次，他知道自己要怎麼做了，下回主管來視察，就把公文堆滿整個辦公桌。沒想到第二次主管視察，看到滿桌的公文，還訓了他：「你的工作效率怎麼越來越差？要積極一點！」

尊重別人有喜歡或討厭的自由，才活得自由又自在

喜歡你，不需要理由；不喜歡你，什麼都可以是理由。

說一則故事：從前有一位員外和一位僕人一起去收田租，收完田租天色已晚，主僕兩人就在麵館吃碗麵。吃完麵，這個員外看看僕人沒有付錢的意思，所以心不甘情不願的付了錢。主僕上路回家時，天已經黑了，僕人趕緊點著油燈走在主人前面帶路，主人很不高興的說：「你是甚麼人！膽敢走在我前面？」

僕人趕緊退到主人身邊，把馬路照光亮，主人又不高興的說：「喔！你是甚麼身分？跟我並駕齊驅！」於是僕人又退到主人後邊，主人仍然不高興說：「你走在我後邊，我怎麼看得到馬路，你準備讓我摔死？」

僕人開口問主人：「我走在前面、後面、你身邊都不是，到底你要我走哪裡？」主人終於說出心裡話：「你把剛才吃麵的錢還給我，你高興走哪裡都可

以。」

有的時候被討厭，不是自己做錯什麼，只是別人看不順眼，或是不合胃口罷了。如果你討厭香菜；有人把它變成各種食品和料理，你就會喜歡嗎？

孩子念國中時，碰到一個很刁難的老師，有同學受不了就轉班了。我跟他說，「不是我不讓你轉班，而是人生中都會碰到討厭的人，就算到別間學校也一樣，最根本的解決之道，是要學會怎麼與討厭的人相處，以後就算碰到也難不倒你。」

沒有一個人可以討所有人的喜歡，即使再完美的偶像，再成功偉大的人，都還是會有人討厭；你不是要去說服別人，而是尊重別人也有喜歡或討厭的自由，才活得自由又自在。

◆別人喜不喜歡你不重要，重要的是遵從內心，做自己喜歡的那個人，就一定能吸引到喜歡你的人。我們身邊的朋友可能會越來越少，但留下來的也會越來越重要。

◆凡事不強求，關係不將就。與其浪費時間在討好別人，不如多成就自己。不必為了少了一個不真心的朋友難過，你沒有他會更好。

別人對你的看法，別太認真

「我盡可能做到公正無私，卻還有人背後說我私心偏坦，我覺得好受傷！」一位剛擔任主管的朋友談到一個人際困擾，問我該怎麼辦。

「別人對你的看法，別太認真。」我以自己為例，告訴他：「有學生認為我很公正，也有些說我不厚道。因為有些學生報告不好好寫，考試不認真讀，希望我打分時『放水』，我不輕易妥協，如此罷了！」

別人說的話，是建立在「他的認知」，屬於他的「個人判斷」。同樣一件事從另一人的角度來看，可能會得到完全迥異的看法。有些朋友認為我是個犀利嚴格的人，有些則認為我親切隨和。你知道為什麼嗎？那些個性放蕩不羈的朋友看我，覺得我一板一眼；而那些正經八百的人看我，又認為我是性情中人。所以，評價是非常主觀的，怎能當真呢？

你很在意，是忘記了「別人的看法」只是「個人觀點」；你會受傷，是把「別人的評價」當成「事實真相」。

別人的批評，其實代表的只是他們的水平

想像一下，有人向你走過來對你說：「你衣服好髒。」你會怎麼反應？

首先第一件該做的是，仔細檢查自己是否確實如對方所說的那樣。如果有人正確指出我們的缺點或錯誤，這就好像提醒我們「衣服上有髒污」，自己還覺得冒犯，豈不是愚昧。

若是他的話是無中生有的，跟你無關的，你不會把它「放在心上」，因為你很清楚的知道，他是胡說瞎說。反之，當你對某人的評論或批評感到不悅，

其實是「你自己也這樣認為，只是被他說出來了」，否則你不會如此介意。

我們必須明白，負面攻擊往往是因為攻擊者自己內心有問題，那些批評只是「以己推人」。老愛說人是非，本身就是常挑起是非的人；對自己沒信心，對人也會敏感多疑；過分自我防衛，每每認為別人不懷好意；內心邪惡，就特別容易發現別人的錯誤。當你知道別人的批評，其實代表的只是他們的水平，還會那麼在意嗎？

在《論語．子路》中記載，有一天孔子和子貢閒聊如何來判斷一個人的品德優劣的問題。子貢問孔子說：「如果全鄉人都喜歡、讚揚他，這個人怎麼樣？」孔子說：「這還不能肯定。」子貢又問孔子說：「如果全鄉人都厭惡、憎恨他，這個人怎麼樣？」孔子說：「這也是不能肯定的。最好的人是全鄉的好人都喜歡他，全鄉的壞人都厭惡他。」

一個品德不好的人推崇你的話，你還要懷疑一下自己，是不是哪裡走歪了。

能被那麼多人在背後評論，也算是一種肯定

如何面對他人的攻訐？先得了解批評者的心理。

通常批評的越凶的人，越是沒有本事，管不好自己，總喜歡對人品頭論足；批評別人常是為了掩飾自己的無能；貶低他人，是為了抬高自己；冷嘲熱諷、酸言酸語是因為妒忌眼紅；在背後講你壞話，是因為你走到了他們前面。當無法迎頭趕上，只好想辦法把在前面的拉下。

大家是否有過這樣經驗，就是不知什麼原因，就是有人會對你不友善；就算沒招惹任何人，仍然會有人看不慣你，對你不滿。事實上，對某些心胸比較狹隘的人來說，你不需要招惹他，你在某方面比他優秀，就已經招惹他了。

電影《魔球》中有句經典名言：「別去煩惱那些在你背後議論的人。他們會走在你後面，不是沒有原因的。」

想想也是，如果一個人默默無聞，毫無建樹，存在感很低，誰會去留意

呢？誰會花時間去談論？會被評論的永遠是出眾拔尖的那個。只有果實累累的大樹，才不斷有人拿石頭去丟。你看那些名人誰沒有一點傳言和評論？

有人罵了你，你也罵他，沒有必要，那只會降低自己的格調。把他放在心上，反而是高估他的地位。以眼還眼，以牙還牙，你與對方有什麼不同？

狗吠火車，火車不會因為狗吠就改變方向，更不會因狗吠就停下來爭論。隨他去吧！對那些只會在背後批評你的人，就讓他們繼續走在後面，你要做的是走的更快，把他們甩得更遠。

◆ 受批評，為什麼有人會受到傷害，有些人不會？明明對方講得不對，為什麼我還是很受傷？

你會受傷的唯一原因就是：「你認同他了」。不論批評的內容是什麼，批評有沒有道理。重要的是，你認同了批評所傳達出來的內涵。

◆ 引用作家李耳納（Leonard Jacobson）的睿智之語：「對你而言，你要回答的問題是，為什麼你要承受那些批評？你是不是需要他們的認可和接納，所以才去承受那些評論和意見？如果你不需要他們的認可或接納，那麼他們的評論或批評便無法影響你。」

自尊高低，其實是自己的決定

每當有人向我抱怨：「別人都不尊重我。」我總會反問一句：「那請問你有尊重自己嗎？」這麼一問，事情就清楚明白。

什麼是自尊？簡言之就是自我尊重。認為自己具有值得受到尊重的價值。人的身高雖然有高矮之分，但自尊不該有高低之別。不管是窮人、權貴、部長還是清潔工，每個人都是平等的，沒有誰比較尊貴，誰比較卑微。就算四肢癱瘓，又老又窮，仍有愛人的能力，都是有價值的人，都值得我們尊重。

許多人在成長過程中，不斷被貶損，很少受賞識，因此覺得自己沒有價值。人們通常相信，外表、學歷、職業、財力等外在條件較出色的人，自尊一定比較高。總認為他人的評價與認同會決定我們的自尊，當受到稱讚肯定時，感到優越；反之，認為自己一文不值，自慚形穢。所謂的自尊問題就是這麼來的。

自尊低，是把自己放在一個名為自尊、身分、面子或人性尊嚴的高台上，然後不斷地從這個高度上跌落。我們對這樣的跌落感到卑微難堪。但如果我們沒把自己放置高台，哪來的跌落？若不是自認矮人一截，又怎會自尊低落？

當人越是一無是處，越執念於無足輕重的小事

喬治對自己身為一個超市結帳員，感到卑微，他覺得以他的年紀和能力，事業應已遠超過目前的職位。當顧客們排隊結帳，等的不耐煩而抱怨時，他會認為那是針對他個人，認為他們因他是結帳員而鄙視他。他對這種行為的反應是變得生氣且自衛。這種反應當然會觸怒顧客，使他們覺得更不高興、不耐煩。這讓每天的例行工作變成非常不愉快的事。

喬治的問題在無法肯定自己，也因此不斷尋找這個想法的證據，並以此解讀別人行為舉止中透露出的訊息。鄙視別人的人，多半也輕視自己。當人越是一無是處，越執念於那些無足輕重的小事，變得很敏感、容易動怒。

如何提升自尊？自尊不是開口要求就有的，而是要自覺。你不是等別人來敬重，或以更尊重的方式對待。他們不會的，除非你以尊重對待自己。你不必與不尊重或對你不好的人周旋，而是要保持尊嚴，並請記得他們沒看到自己的價值，也就不可能自尊與自重。他們不尊重你是因為他們不懂得尊重自己。

別人高高在上，是你彎腰屈膝

傳說有位著名的電影明星去修車，接待的是一名女工。女工熟練的技巧和美貌一下子吸引了他。唯一讓這位明星不滿意的是整個巴黎都知道他，而眼前這位女孩卻沒有露出絲毫的驚訝和興奮。

「妳喜歡看電影嗎？」明星試探著問她。

「當然喜歡，我是個影迷。」女工手腳俐落，很快檢修完畢。

「好了，您可以開走了，先生。」女工說道。

明星卻依依不捨地說：「小姐，妳可以陪我去兜兜風嗎？」

「不！我還有工作。」對方居然拒絕了他。

他還是不死心，又一次問女工：「既然妳喜歡看電影，那妳知道我是誰嗎？」

「當然知道，你一來我就認出你了。」女工平靜地回答。

「既然如此，妳為何對我這麼冷淡？」明星不解地問。

「不！你錯了，我沒有冷淡，只是沒有像別的女孩子那樣狂熱。你有你的成就，我有我的工作。你來修車是我的顧客，如果你不再是明星，再來修車，我也會一樣地接待你。人與人之間不應該是這樣嗎？」

女工的一番話使明星受到極大的震撼。因為，他平常都被人捧得高高的，而這女工卻讓他看見自己的淺薄。

羅斯福總統的夫人愛琳娜說得好：「除非你同意，沒有人可以讓你覺得矮人一截。」別人高高在上，是你彎腰屈膝。你當自己是老鼠，貓就成了獅子。

◆你怎麼看待自己，別人就怎麼對待你。
如果別人看輕你，那是因為你沒看重自己。
如果別人從未好好愛你，那是因為你從未好好愛過自己。
如果別人從不在乎你的需求，那是因為你從不說出自己要什麼。
別人會欺負你，虧待你，往往也是你無條件忍耐造成的。
別人會怎麼對待你，最終還是取決於你。

獲得最多認可，就是不尋求認可的人

你是否覺得以下這些狀況似曾相識？
凡事容易說「好」，很難拒絕別人？
怕被人誤解就急於解釋，擔心關係破壞？
只要不小心被人忽略了，就會開始胡思亂想？
不敢說出自己的想法看法，怕大家的反應和評論？
一起出去吃飯，都不願意點菜，怕自己點的讓其他人不滿意？
明明自己覺得喜歡的手提包，卻因朋友說好土，就開始嫌棄它？
過分認同別人的心理可回溯至童年時期，渴望受到父母和師長的認可；如果別人不喜歡我們，我們就會感到這是自己的過失。為了取悅，從小就學習如何刻意討好，避免拒絕他人，藉此獲得認可來確認自己的價值。

當然，得到認同沒有不對，我們都喜歡被需要，被讚美和肯定，但在意認同在意到失去自我，那是另外一回事。當事事需要別人肯定，才能肯定自我，或是因為得不到別人的認同而無比焦慮時，其實已經是一種對自己的不認同。你的情緒必然受到對方一舉一動牽引，生活必定會遭遇許多苦惱與糾結。

認同感不靠別人，而是自己給

我們要改變的不是別人對你的看法，而恰是你希望人人都認可自己的心態。以下幾點建議，與大家分享。

一、你要先認同自己。

就像參加面試，行銷產品，如果對自己，對產品都不認同，如何說服別人？

面試前你必須先認同自己，包括認同自己足以勝任這份職務，能把這份工作做到最好，能做到其他人做不到的，才能贏得認同。

在行銷產品前，你必須深信銷售的商品對他人的幫助，深信你的商品是「物超所值」，相信你可以做到最好的服務，這樣的自我認同，才能讓你充滿自信。

二、認同你在做的事。

你需要常常問自己：你為什麼要做這一件事？

只有自己清楚自己的信念，知道自己在做什麼，在為什麼而努力著。當你對自己做的事有認同感時，就不會輕易的被影響，或者也可以說你會有更強大的信念支撐著自己做這件事。不會因為別人的一句話，而放棄自己的努力。

三、別讓他人的意見影響你。

每個人想法與價值觀都不同，有人不認同是非常正常的事。

不要讓別人否定的聲音，影響你內心的平靜。很多人連自己的問題都處理不好，你卻把他的話當一回事，還用來打擊自己，這不是很荒謬嗎？

別讓其他人的評論，影響了你的抉擇。他不是你，為何要讓他替你的人生下評語？在意別人的評價，到最後你就是過別人的人生。

四、開口說出你的想法。

會認同別人的看法，是因為對自己沒想法。

你要清楚知道——自己想要的是什麼、需要的是什麼、在意的是什麼，有自己的想法之後，就會有自己的行事風格，漸漸的成為一個有想法的人。

談一談你喜愛的事物，表達見解，自己的聲音就被聽見。將內心的感受和需求說出來，才會得到重視。讓他人知道自己的原則和底線，做到尊重自己，自會得到別人的尊重。

「贏得認同」和「尋求認同」大不相同

我們不是「尋求認同」，而是「贏得認同」。想得到所有人的認可，最有效的辦法就是不要追求認可。

我們不必努力讓別人對自己滿意，重要的是要對自己滿意，當你看見自己的價值時，根本不在乎別人對你的看法。

我們不必為了讓人喜歡，而改變自己，那終究會迷失自己。活出自己真正的樣子，發自內心愛自己時，身邊會越來越多真正愛你的人出現。

我們不是去尋求好工作，而是把眼前的工作做到最好，自己擁有競爭力和影響力，好工作自然找上你。

現在稍微想像一下，在你生活中有哪個人似乎得到最多認可的人。這個人有什麼特質?行事作風如何?有哪些方面吸引人?你可能想到某個人，這個人能夠真實坦率的表達自我，敢做敢為，不掩飾自己，也不為了展示自己而展示自己，出眾不從眾，對嗎？

「花若盛開，蝴蝶自來」。沒錯，獲得最多認可的人，就是從來不去尋求認可的人。

◆ 鞋子穿起來合不合，只有你的腳知道。日子好不好過，開不開心，也只有自己明白。

◆ 人生，沒有最好的路，只有最適合自己的路。別人可能會給你想法或意見，但只有自己知道什麼對自己最好。人要忠於自己，就會看淡那些評價；傾聽內心的聲音，就會找到自己的路。

◆ 別人看到的是鞋，自己感受到的是腳。若為別人對自己的喜惡所苦，那便是拿自己的腳穿別人的鞋。

自信，從來不是自認完美

我們看似擁有自信，卻總是在自我批評和不滿中掙扎，一方面認為自己優秀且有能力，另一方面懷疑事實並非如此。明明自己條件不差，但那內心苛刻的批評者，總能挑出一堆瑕疵：太黑、太胖、太內向、不夠聰明、不夠高、不夠好……。

我承認，這不是一句「你要有自信一點！」可以辦到的。要說服自己去接受本身的不完美，就好像要認定自己是瑕疵品一樣，並不容易。但「這就是你」，你永遠也擺脫不了自己。你所能做的就是接受這樣的自己，不只是好的部分，包括那些厭惡的部分，都是你的一部分，你不是要去掩飾，而是該學著共處。

有一個小故事：有個漁夫從海裡撈到一顆大珍珠，愛不釋手，然而，珍珠上面有一個小黑點。漁夫想，如果將珍珠上的小黑點去掉不就完美了。於是，他開始把珍珠刮掉一層，但他灰心的發現，黑點還在。他不甘心，開始一層層的刮珍珠上的黑點。最終，黑點沒了，珍珠也不復存在。

沒有人能夠完美無瑕，一味追求完美，就像等到畫面中所有細節都完美，才肯按下快門，最後可能一張相片也拍不出來。

你對自身缺點的厭惡，是你對它的批判

放下自我批判，轉為自我的支持者。告訴自己：「我已經夠好了」、「這樣的我，也是很不錯的。」這並不是自我催眠，裝作沒看見自己的現實狀況，而是明白再完美的人也有缺點，再優秀的人也有缺失的時候，不要為自己控制

不了的事鑽牛角尖，才能停止否定自我。

人的優點與缺點，只是不同「特質」的一體兩面，特質的正面就叫做優點，特質的負面叫做缺點。例如，一般都認為「思慮周詳」是優點，但換個角度來看，則會變成「顧慮太多」。「做事馬虎，粗枝大葉」看似缺點，從正向來看，則是「大而化之，不拘小節」。兩者並沒有「好壞」之分，也各有優劣之處。

再如，許多人常掛在嘴上說的「我個性內向」，這種特質通常不擅於與人交往、不喜歡被打擾、做事瞻前顧後、行動力不足。但若把個性稍微轉換個視角，則是生性沉著、處事謹慎、穩重內斂、感知敏銳，就能看作優點。

聽過不少內向性格的人對自己不滿，於是，開始逼迫自己努力社交，擴展人脈，沒多久就感到疲憊不堪，變得越來越不喜歡自己。聰明的作法是，內向者應該認同自己的性格，找到自己的優點，然後專注於擅長的事，才會變得越來越喜歡自己。

你討厭自己，這其實跟你不完美無關，而是因為你不接受自己真實的樣子。你對自身缺點的厭惡，不是出自缺點本身，是你對它的批判。

「真實的不完美」比起「不真實的完美」更加美麗

我想起，有位明星接受媒體採訪時，回應了網上關於她的年齡與臉部狀態一些負面質疑。她說：「總被說不再年輕有皺紋，我認為這都是歲月的積累，這就是我身上的一部分啊。」

與其擔心：「我不想讓人發現我真實的樣子，因為他們會不喜歡我。」不如坦開心胸：「我想讓他們知道我真實的樣子，因為我想做自己的決心，更甚於讓他們喜歡我。」勇於正視自己最怕讓別人知道的那一面，你會發現，自己反而多份自信。

看過一篇文章，裡面說：網路流傳一張姚明低頭看曾志偉的合照，附上的對話是，姚明問：「矮是什麼感覺？」曾志偉說：「所有人見到我都抬不起頭！」

對身高二二六公分的姚明而言，一五九公分高的曾志偉確實是矮，不過，曾志偉的回答卻讓人深刻感受到，「這不是自信，什麼才是自信？」

我喜歡這段話。自信，從來不是自認完美。當你相信自己優秀，就不用總是必須向別人證明什麼。你所要做的，就是表現出你擁有的能力。奇怪的是，一旦有人開始看見你的能力時，也就有越來越多人相信你優秀。

◆回想一下身邊那些充滿自信的人，他們可能外表普通，條件和能力並不比你強，那自信到底從哪來呢？

◆原因就在無條件的自我接納。那些有養過寵物的人都知道，你的寵物會如何看待你。牠不管你穿什麼，做什麼工作，存款多少錢，或者有多少皺紋、帶著黑眼圈、斑點，牠無條件地愛你。同樣的請以此接納你自己，神奇的自信便形成了。

◆全然接納自己的不完美，你在面對別人的時候，便無所畏懼。

「最重要的是，真實的面對自己」

人都有各式各樣的面貌，有勇氣的自己、軟弱的自己、寬闊的自己、狹隘的自己、灰暗的自己、陽光的自己、幼稚的自己、成熟的自己……。人不是由「單一成分」組成的，我們每個人身上都有「好」的一面，也有「壞」的一面，更多的是兩者兼具。我們可能既誠實又虛偽、既堅強又脆弱、既有愛心又沒耐心。

例如我好了：在學生面前的我和藹可親，對伴侶卻急躁沒耐心。在講臺上拿著麥克風的我是滿腹經綸的樣子，跟朋友在一起則是風趣搞笑。在不同的人面前，有時氣量狹小，有時寬宏大量；有時精打細算，有時慷慨大方；有時開

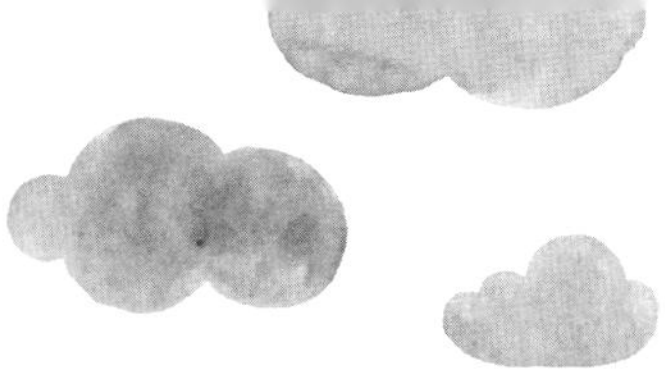

朗健談，有時內向沈默；有時一絲不苟，有時也會喝酒鬧笑話。

每當感覺到讀者把我當成智者的時候，總是令我心虛。因為許多讀者對作者常有過度的期待與幻想，認為他整天都是這般睿智，善解人意的像他筆下的書一樣。我不想一概而論，因為我並不認識所有的作家。但是，以我個人來說，事實並非如此。如果你以心中想的那個「完美形象」來看我，必會大失所望。

壓力是你認爲自己應該呈現的模樣，放鬆是自然的樣子

我認識一些學識淵博的同事，他們擁有崇高地位，卻控制不住情緒，常為了一點小事情就發火。也見過靈修很高境界的老師，現實生活很邋遢，還喜歡投資賺錢。在某種層面上，他們很平凡，另一方面也很傑出。這種落差並非錯誤，只是跟大家想的不一樣而已。

以往的我，很在乎自己的形象，為了打造與維護這個「好形象」，我會不

斷檢查、譴責自己的行為，「哦，我剛剛表現好不好？」「我覺得自己太隨便了，我討厭這樣的自己。」「我應該這樣才對，不應該那樣……。」每次負面特質出現時，我就非常懊惱自責，一直告誡自己下次不准再犯，結果還是失敗了。一直在惡性循環中自我折磨。

這如同在大自然中，只接受白天而不允許黑夜，只接受晴天而不接受雨天一樣，可能嗎？我們想成為自然的自己，活得自在，卻不做那個「已經是的」自己，怎麼可能？

現在的我，那些老毛病仍在。不同的是，我承認這樣的自己，也接納了自己，內在的衝突慢慢消失，人也變得輕鬆自在。

我認識一位銷售經理，最近剛被公司派去負責新的部門，他怕別人瞧不起自己是菜鳥，總刻意裝成專業形象，內心其實非常惶恐，「萬一對方發現我根本什麼都不懂，怎麼辦？」我幫他認知到，他在新職位上是個初學者，了解這一點之後，他才能夠把自我定位從「掩飾自己的弱點」，轉變為「自己沒有太多經驗，需要多學習。」他跟我說，這樣的做法立即就產生效果：光是承認自己是處在新手的狀態，就讓他覺得自己比較放鬆。他開始提出問題請益，不久之後，大家就公認他真誠謙和、心胸開放，反而主動提供協助，合作更加順利。

所有人性的一切，都屬於你

「活著，最重要的是，真實的面對自己。」這也是我多年來的體悟。當我們誠實面對自己，才能坦然地面對他人，有勇氣去面對這個世界。

愛因斯坦有一張照片，許多人應該很熟悉，他吐舌瞪眼的表情，像個頑童，舉止傻氣且不莊重。很難想像一個卓越非凡的人，卻有如此稚氣的性情。但你可知愛因斯坦本人看到照片時的反應？

他沒有尷尬皺眉，也沒有向大家道歉說什麼做了錯誤的示範；他要求送去加洗，印製成便條紙卡，送給好友們。這張照片也意外成了愛因斯坦招牌形象。

記住，你的真實自我之所以被接納，並不是因為你有多完美，而是因為你是完整的。所有人性的一切，都屬於你。這對於看清一段人際關係、婚姻相處、或團體中的互動，有很大幫助。你越意識到這一點，就會越接納自己，也越來越能接納看不慣、看不順眼的人。與人相處自然更和諧融洽。

◆ 壓力是你認為自己應該呈現的模樣，放鬆是自然的樣子。你可以試試看。找出自己某個缺點，例如牙齒不齊，說話結巴，現在起要隨時隱藏好，不能讓自己看見，也不能讓別人發現。這樣過了幾天，你會不會感覺到精疲力竭？

◆ 想自然放鬆，並不需要刻意練習，只要回到你本來的樣子，所有的緊張壓力都會瞬間消失。

人際關係

可以看清別人，但更重要的是明白自己

討厭別人，其實是看不慣自己

人際關係就像一面鏡子，映照出自己內在。你最喜歡的人，實際上是反映自己希望擁有的特質；你討厭的人，則反映自己不喜歡的部分。例如，你欣賞某人的善良，那麼他所反映的就是你內在的善良；討厭某個人的虛假，就表示你在某部分也是虛假的。那些你不喜歡的特質，都是存在內在，只是被你否認或隱藏起來，因此當有人把它表現出來，你就會覺得排斥。

厭惡別人，是源自於排斥自己。如果你被別人的懦弱激怒，那是因為厭惡自己的懦弱，所以才會被激怒。對別人懶惰不滿，那是因為你對懶惰的自己不滿。別人身上的負面特質會激怒我們，往往反映我們也有相同的特質。如果你的父母經常批評你糊塗，做事拖拖拉拉，你也會受不了別人迷糊，做事拖延。你要求自己要守時，自然也會要求別人準時，當別人遲到，就會發火。

你對他人的批評，其實都是對自己的批判。如果你自身沒有你所批判的特質，就不會太在意，或者即便看到了，也不會有情緒化的反應。同樣，當有人指責你、批判你，不必耿耿於懷，要明白，不論他說什麼，說你的人也有。

如果總是把別人想得很壞，也許壞的是自己的心

作家波頓·賀爾這麼寫著：

我用批評的顯微鏡看哥哥，
說：哥哥顯得多麼粗糙啊！
我用輕視的望遠鏡看哥哥，
說：哥哥是多渺小啊！

然後我看真相的鏡子，
說：我與哥哥多麼相似啊！

人所看到別人的醜陋面，正是自己的一面鏡子。從鏡中我們可以看到真實的自己，能照見自己的憤怒、嫉妒、恐懼、貪婪、矛盾、不安。我們在感情中所遭遇的問題，就是我們內在的問題。如果你不斷與自己內在衝突，那麼在關係中也會不斷與人衝突；內心有很多憤恨不平，關係也會爭鬧不休。跟所有人都處不來，自己就是難相處的人。

時時動怒的人，往往是對自己的生活不滿意；當自我否定，就會遷怒他人。你會生氣，並不是那個人導致的，而是你一直這樣對待自己，長期在心裡自責，於是當有人說某些話時，就會認為他人在指責，即使他人沒有那個意思。

如果你覺得受傷，是因為你的心底有傷口，那是早年由來已久的傷，那傷痛遲遲未被撫平療癒，因此當某個刺激、事件或人際互動中的一個反應，就爆發出來。你每一次反擊，自己都會受傷一次。

要知道自己的要害在哪裡，觀察自己在關係中最常受傷或發怒的地方，便一清二楚。留意受傷的感受與情境，仔細觀想，就可以在每個人際的互動與事件當中，看到一個從來沒被自己所了解的自己。

關係不再美好，不再有喜悅，就該回到愛裡

我們在很多時候都會用錯誤的方式跟其他人交往，這都源於我們對自己和其他人關係本質認識不清，於是，在不斷衝突，互不諒解地過完這一生，大部分人都是這樣。

你責怪他人，因為在你眼裡，他讓你失望。所以，不斷試圖改變別人和修復關係。但你不知道每一段關係，其實是你與自己的關係。凡事多從自己身上找原因。

常有人問：「如何創造健康且美好的關係？如何得到更多的愛？」其實我們尋找的，就在自己身上。你愛一個人，為什麼那麼美好？那是因為你在這個人身上體驗到自己內在的美好。如果你因愛而受苦，那是因為你離愛的本質越來越遠。所以，當你覺得關係不再美好，不再有喜悅的感覺時，就該回到愛裡。

建議大家這麼做，寫下你希望從關係中獲得的美好，例如：歡樂、親密、信任、尊重、愛……等等，然後活出這些品質，就能深深地感受到對方給予的美好和愛。

◆ 你感覺不受重視，是誰沒重視自己？你覺得委屈，是誰委曲自己？你覺得沒被愛，是誰沒愛自己？總活在過去的傷害，是誰在傷害你？就是你自己呀！

◆ 把關係當反照自我的鏡子，看清別人，更看清自己，你就能找回自己的力量，不再當受害者，覺得自己很不幸、倒霉或可憐。從關係中學習成長，療癒自己，內在的衝突就會消失。當你不苛責自己，慢慢你就不會苛責別人；放掉那自我批評時，你將較少接受到別人的批評。當你內心強大，就沒有人可以傷害得了你。

最好的相處之道，是讓彼此做自己

辦公室新來了一個工友，做事非常「徹底」，只要做一件事，她都想要全部做好。例如，洗桌上的茶杯，她就會把所有的茶杯全都一起洗；擦地上的一點污漬，她就把整間地板都擦一遍。她說：「只要看到一點髒亂，我就不舒服！」「既然要做，乾脆就全部做！」但是，她過分認真的表現，卻令其他同事相形見絀。她們擔心主管會誤認為她們不夠努力，所以開始排擠她。

主管知悉後，便對大家說明：「我知道你們很努力，而且非常負責，我都看見了，只是『她喜歡這樣做』，這是她的個性，她多做，才會快樂，那就讓她快樂。她快樂，你快樂，大家都快樂，不是很好嗎？」

我們一再抱怨某個人做的事情，但抱怨沒有任何作用，他還是會照做不誤。為什麼？答案只有一個：「他會這麼做，因為這就是他做事情的方式。」你應該反問自己：「是什麼原因，讓我無法忍受對方的行為？如果他可以忍受，為什麼我無法接受？如果別人可以接受，為什麼我受不了？」

沒有理由別人凡事都要順我們的意，對嗎？

以前，有位同事很懶散，開會遲到早退，做事拖拖拉拉，有些計畫明明期限快到了還一派逍遙。「真是受不了！」漸漸地，我對他失去耐心。某天，當我再度對他不滿時，突然間一個念頭閃過：「這個辦公室有數十個人，卻只有我在為他的表現惱怒。事實上，大部分的人根本不知道有這回事，即使知道也不像我那麼惱火。為什麼我會如此介意呢？」

我們預期別人應該要怎樣，或他們不該如何。當某人的表現讓我們覺得失望或不高興，這一定是他的錯嗎？可能只是不符我們的期待，對方並沒做錯事。有時別人的不對，只是和我們的看法和做法不同而已。並非每次對某人產生反感，就表示對方一定做錯了什麼。

從另一個角度來說，或許錯的是我們，因為不高興或生氣的人是我們。當我們發脾氣，誰需要負責？我們需要反省自己，而非怪罪別人。沒有理由別人凡事都要順我們的意，對嗎？

不久前，有位學生跟我說：「我的男友根本不在意我，我覺得很傷心。」

於是我問：「怎麼說？」

「他這個月有兩個週末都和朋友出去。顯然我不是那麼重要。」

原來她心中認為，愛一個人應該時時刻刻只想跟愛人在一起。了解她的觀點後，我們便開始探討「這個想法是正確的嗎？」

她明白了這沒有道理。當然，如果男友對她變得冷淡，不想跟她在一起，那也許表示他沒那麼喜歡她。但想和朋友出去是可以理解，而且是很正常的事。她才發現自己沒必要傷心難過。

「當我放下幻想，不再期待他成為我心目中的情人，從那時開始，我的失望就消失了。由於我一直投注心力在改變他，因此我完全沒看見他對我的好，也忘了兩人在一起的幸福。」聽完她的話，我點頭微笑。嗯，這就對了。

關係的問題都很類似；我們想掌控別人，卻又掌控不了，於是開始批評對方，借此來突顯自己的正確，而對方為了捍衛自己，雙方便互相爭執。改變別人的意圖越強烈，對方就越難被改變。

你生氣，因為對方還是老樣子，但這份無力改變更讓你憤忿難平。結果，關係也一直處在失望挫敗之中，痛苦不堪。直到你願意接受對方的本來面目，不加批判，才能從這個情境中超脫出來。

我們都想做自己，爲什麼別人就不能？

許多人應該都聽過類似的問題：「為什麼我這麼愛他，他這樣對我？」「為什麼我這麼用心，他還這樣？」「我已經用過各種辦法，為什麼他還是老樣子？」

事實就是：「他就是這樣的人啊！」現在的問題在你，你要接受這樣的他，還是浪費剩餘的生命直到他改變？如果對方不改變，你打算一輩子彼此傷害嗎？

有位讀者是個過來人，她說：「剛結婚時，我的生活真的過得很痛苦。因為先生脾氣很大，做事一絲不苟。我每天都過得戰戰兢兢，每一想到他，心中就有許多委屈與憤怒。」

「後來我想通了，我先生就是因為這種做事態度，所以事業才有今天的成就，而脾氣大也是求好心切，這就是他的個性啊！我為什麼要希望他不是這樣？」

我們無法改變別人。我要再強調一次：我們無法改變別人。想想，我們自己活了幾十年，都很難改變自己了，憑什麼要對方改變？我們都想做自己，為什麼別人就不能？

◆很多人會執著於那些自己無法控制的事，例如主管個性不好、客戶難搞，合不來的同事，看不順眼的同學，難相處的伴侶……。結果對方有改變嗎？怪罪有用嗎？關係有變更好嗎？

◆那是不可能的。耗費時間和精力在無法控制的事，只會把自己變成無能為力的受害者。

◆除非我們先改變自己，對方才可能變得不一樣。放手讓彼此真正做自己，關係中有自由，喜樂友誼才會存在，這也是最好的相處之道。

愛別人之前，先學會愛自己

長久以來人們對愛最大的迷思，都以為愛是來自別人，總苦苦追求著愛，因而常會用討好的方式迎合別人，希望對方讚賞和認同來證明自己是被愛的。甚至認為只要不斷的付出和犧牲自己，就會獲得更多愛。在關係的過程中，不斷委屈自己、壓抑自己，終而失去自己。

所有源自依賴的狀況多以失望收場，這是一定的，因為我們是在「求人」。當然，別人可能也會愛我們，但別人卻不見得會按照我們寫的劇本來演；當對方沒給予想得到的回應，就開始傷心難過，「我什麼都替他想，什麼都順著他，怎麼還這樣。」「我做這麼多，卻沒得到回報。」……。特別是當要求被拒的

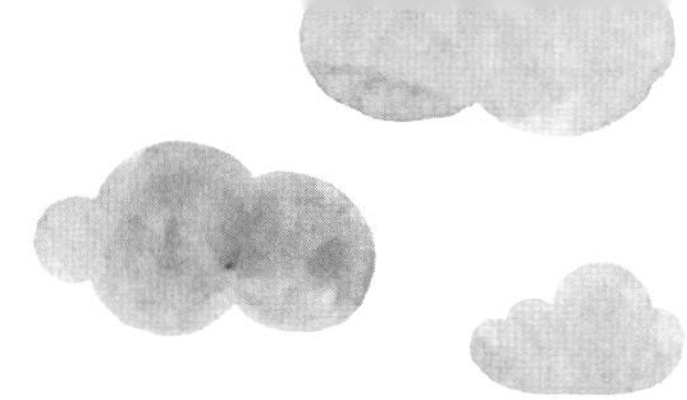

時候，霎那間過去犧牲付出，或被愛所傷的痛苦，一一湧上心頭。

我們會覺得自己受騙，懷疑愛錯人，其實是搞錯了。原因是因為一開始的時候，我們愛人是為了自己能被愛，先前不斷付出只是我們「討愛」的一個方式罷了。如果對方也同樣，兩個乞丐向對方乞討，結果會怎麼樣？苦求不到，當然不歡而散。

你的喜樂是來自別人，當那個人離去也被帶走

很多人失戀分手，都認定自己失去了什麼，卻很少反思：究竟自己想從中得到什麼？

是「被愛」的感覺，對嗎？我們應該要給自己愛，卻想從其他人身上得到，這就是問題所在。被愛讓我們得到了自信快樂，覺得自己可愛，一旦失去時，便自怨自艾，覺得自己一無是處，就此一蹶不振。

我們為什麼那麼渴望對方的愛？追根究底，是因為我們不夠愛自己，覺得自己不值得被愛。倘若我們都不喜歡自己，怎能期待別人愛我們？

一個人不愛自己，即使別人給再多的愛，也會懷疑自己是可愛的，是值得被愛的。不懂得尊重自己，即使付出真誠也未必被善待。把快樂和幸福都託付給別人，自己變成了一個渴望別人施捨的可憐人，就算擁有了愛，也不如想像中那麼幸福快樂。

你以為某人能讓你幸福快樂，那只是你以為而已，其實你並不需要。或許，某人曾帶給你許多快樂，但在你還沒遇見你現在認識的這些人，不也曾幸福快樂。你應該問自己：「我為什麼認為只有這個人才能快樂？」

你的愛來自別人，當那個人離去，愛也被帶走。此時請記得，一步步把自己愛回來。活出自己的幸福快樂，就沒有人帶得走，即使別人離去也能自得其樂，即使失去了愛，你還是一樣可愛。

當你成爲自己也會愛上的人，就不怕沒有人愛

「愛別人之前，先學會愛自己。」這句話大家都聽過。如果希望別人珍惜，就必須先疼惜自己。如果想別人把我們當成寶貝，就必須先成為自己的寶貝。如果想要擁有愛，從自己開始。

現在起，別再去求別人了，請停止在別人身上索取，你本身就可以給自己。這是你想要的愛，為什麼非得經由另一個人得到？

想想，當你做某些事情的時候，可以打從心底快樂就去做；心裡渴望什麼自己給，不要期待任何人讀懂你的心。以你喜歡的風格，你的方式，去做能讓你開心的事。當你能滿足自我需求，照顧好自己，就不必乞求別人。

多愛自己一點，你越愛自己，就越不需要依賴，你將更有自信，更獨立。我相信，當你這麼做時，一定會看見一個更棒的自己，自然散發出一種以前沒有的光芒，也會更有魅力，讓別人都更想接近你。

你越滿足自己的生活，就越有能力和別人分享。你越快樂，就越能帶給身邊的人快樂。當你成為自己也會愛上的人，就不怕沒有人愛。

◆愛自己是自私的嗎？

◆劇作家王爾德說：「自己想要的生活不是自私，要求別人按自己的意願生活才是。」我完全同意。

◆自私是向外求，想從對方獲取些什麼，強迫別人按照自己的期望而活。

◆自愛是向內求，追尋讓自己開心愉悅的生活，活出自己的幸福快樂。

◆先自愛才能愛人。我們必須先擁有，才能分享給別人，而不是找個人來彌補自己沒有的。

明白每個人都活在自己的世界裡

我們老是說要溝通，但很少人了解到，其實最好的溝通也非常有限。懂得的人和懂得的人之間可以彼此溝通，但是想跟不懂的人溝通就難了。

據說南海中有個島，許多島民都愛吃蛇肉。某天，有個南海人帶著家人到遙遠的北方去旅遊，怕吃不到這樣的美味，就帶了不少臘製的蛇肉當乾糧。

南海一家人走了很遠，來到了齊國，找了一家旅店安頓下來。齊國人十分好客，主人見他們從遙遠的南方來，就熱情地招待。南海人受到如此款待，心裡很高興也很感動，於是便跟家人商量用蛇肉當贈禮，以表達感激之情。

齊國人收到送來的蛇，害怕得臉色全變，急著想跑。南海人大惑不解：

這是怎麼了？他想了好一會，莫非是主人嫌禮物輕了，於是趕緊補上一條更大的。

一雙願意聆聽的耳朵，遠比一張愛說話的嘴巴更受歡迎

溝通的第一件事，就是明白每個人都活在自己的世界裡，誰都不可能懂得另一個人，就因為人無法互相了解，所以需要努力溝通。

作家約翰・葛瑞（John Gray）的名著《男人來自火星，女人來自金星》這麼寫：

「從前有一天，火星人遇見了金星人，於是他們相愛了。開始，他們接受並尊重對方的不同，因而關係融洽，生活幸福。後來，他們來到了地球上。一天早晨醒來，他們都得了健忘症，忘了他們是從不同的星球來，本來就有差異，從這天開始，男人和女人便陷入了衝突……」

這是真的，我看過生活在一起幾十年的伴侶，他們跟陌生人一樣不了解對方，有時話還沒說幾句又吵了起來。先生在說一些事，太太卻在提別的事；或者太太一直在說某件事，先生卻不當回事。相處了大半輩子，那個抱怨還是一樣：「他（或她）根本不了解我。」

有位妻子對先生抱怨：「我跟你說什麼，你總是這隻耳朵進，那隻耳朵出，說跟不說都一樣。」

丈夫立刻回道：「沒錯，妳說的對，不過我跟妳說什麼，妳總是兩隻耳朵進，一張嘴巴出，說比不說更糟。」

許多婚姻諮商師和離婚專業律師會告訴你，他們天天在聽委託人抱怨：「他根本沒在聽我說話」、「她總是只說自己想說的，不讓我說」、「我們無法溝通，說了也沒用，只是浪費口舌罷了！」

關係中一再誤解與衝突也是這麼來。他們以為自己說的夠清楚了，卻發現對方根本沒在聽，或者用主觀認知來揣測，不了解就急著發表意見，對事情做

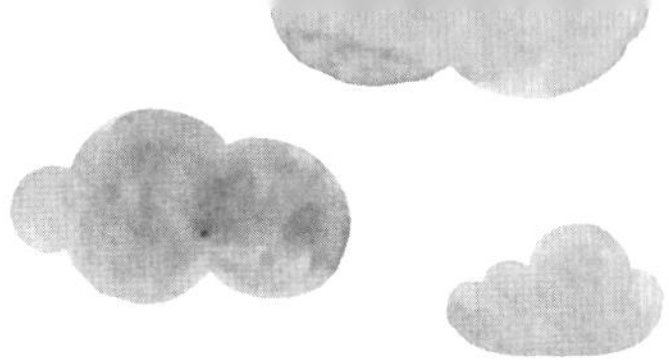

判斷，因而造成雞同鴨講，各說各話，認知南轅北轍，溝通當然失敗。尤其相處久了，溝通障礙愈來愈大，心牆愈築愈高，要怎麼溝通？

一顆同理心，遠比各種交際應酬的技巧更深得人心

有位朋友跟兒子的關係不好，他感嘆：「真搞不懂他在想什麼，他都不聽我的話。」

我問：「你是說，你兒子不聽你的話，所以你不了解他？」

「對啊！」

他顯然沒聽懂我的意思。我只好明說：「難道了解一個人，不是你聽他說，而是他聽你說？」

溝通的重點是希望了解對方。所以溝通時，不要光顧著把話講出來，更要讓對方的話講出來，還要確定對方真的聽進去。如果說出來的話帶著負面情

緒，即使自認說的有理，對方充耳不聞也是枉然；說話的語氣傲慢或輕蔑，無論多麼能言善道只會惹人厭。

每個人內心深處都希望被人了解，因為被人了解就是被關心重視。而要了解是要用心，同時也用耳傾聽，才能真正了解對方隱藏在心底的感受。當人感到被理解和被接受時，才會聽進去我們所講的理，很自然地會卸下防衛、爭論和批評的行為，關係互動才會良好無礙。

一雙願意聆聽的耳朵，遠比一張愛說話的嘴巴更受歡迎；一顆懂得同理的心，遠比各種交際應酬的技巧更深得人心。

◆為什麼人與人溝通那麼難？原因是根本就沒在溝通。

每當你和伴侶、家人、朋友或同事交談時，你認真在聽嗎？

你允許對方的意見跟自己不同，不批評或判斷嗎？

在聽別人說話時，從不打斷他們嗎？

你有站在對方的立場，了解對方的需求，理解對方的感受嗎？

當你了解的越多，就越能理解對方——為什麼這麼想，為什麼會有這樣的態度、這樣的心情、說那樣的話，也就愈能同理對方。這就是所謂的「同理傾聽」。

理解就會諒解，問題也迎刃而解

在我接受臨床訓練的一開始，遇到一位中風病人讓我倍感壓力。他個性古怪，脾氣暴躁，常給人擺臭臉，還會對照顧的家屬大吼大叫。我難得遇到他幾次，就足以心生厭惡感。沒想到，時運不濟，竟然被分配到他的病房！那時的我簡直無法相信，該如何熬過這段苦刑。

後來，我試著想像如果我是他，半身癱瘓，沒辦法為自己打點一切，那會是什麼感受——一定是極度抑鬱苦悶。我忽然體會到，他不是在對周遭的人生氣，他氣的是他自己。他氣自己沒辦法自己走路、吃飯、上廁所；他氣他自己變成別人的負擔，要別人照料。領悟了這一點以後，心情就變得輕鬆多了，倒不是他不再發飆，而是他的發脾氣不再惹惱我了。

從這個經驗，我學到一個教訓：只要你了解對方越多，就會越寬容他，即使到最後還是不喜歡，不過，能夠進一步理解他，也有助於化解彼此之間緊張矛盾。

越明白事情的前因後果，就會越容易釋懷

人都習慣從自己的角度看問題，以自己的經驗去解讀，常常很難理解他人。沒有理解，就很難感同身受。

話說有一頭豬、一隻綿羊和一頭乳牛，被牧人關在同一個畜欄裡。某天，牧人將豬從畜欄裡捉了出去，只聽豬大聲號叫，強烈地反抗。綿羊和乳牛討厭牠的嚎叫，於是抱怨道：「我們經常被牧人捉去，都沒像你這樣大呼小叫的。」

一般人不會無緣無故讓自己不好相處，也不會刻意做出為使別人疏遠自己

的事。他們這麼做一定有原因。每一個人背後，都有不為人知的故事；每個憤怒底下，都隱藏著失望、自卑、恐懼、脆弱和創傷等複雜情緒；那些惹火你的人，可能正處於諸事不順及挫敗艱難的時刻；那個人對你出言不遜，也許他今天過得很差，與人發生磨擦，身體不適，或剛被訓了一頓。

《阿姜查的禪修世界》裡有個很棒的例子：

假設一天早上你正要走去工作，有人在對街咆哮並辱罵你。當聽到這些辱罵時，你的心變得異於平常，覺得很不舒服，感到憤怒且受傷。那人整天四處辱罵你，每次聽到你就生氣，甚至當回到家時，仍在生氣，因此你懷恨在心，想要報復。

幾天之後，另一個人來你家對你說：「嗨！那天罵你的那個人，是個瘋子！他已經發瘋好幾年了。他辱罵每個人，沒人在意他到底說了什麼。」當你聽到這裡時，頓時鬆了一口氣，在這些日子裡，一直壓抑在內心的那些憤怒與傷害完全化解。為什麼？

因為現在你知道事情的實相。現在你了解了，所以能釋懷，可以放下了，若不知道真實，你就會一直耿耿於懷。

當我們越了解人性弱點，就能體諒別人犯的錯；明白事情的前因後果，怒氣大半都會消散；理解了事情的真相，彼此的矛盾與問題也會迎刃而解。

你所遇到的人都受過傷，生活都正在打一場仗

猶太哲學家斐洛．尤迪厄斯 (Philo Judeaus) 提醒我們：「請悲憫對待每個遇見的人，因為他們都在與生活做艱苦奮鬥。」無論你眼前看到的是誰，記住，每個你所遇到的人都受過傷，生活都正在打一場仗。永遠不要忘了這一點。

試著「換位思考」，從每個人經歷的觀點出發。當我們生氣時，會感到痛苦，就當知對方生氣時，一定也覺得很痛苦。所以如果有人以怒目相向，你必須了解到，其實他正為怒火中燒而受苦。如果我們能夠清楚的看到自己痛苦與

憤怒，其實與對方並無分別，放下心中的憤怒是不是就變得簡單呢？

今天跟你競爭的人，也帶著某人的期待；今天跟你敵對的人，也想得到讚賞、得到肯定，想被愛。每一個人都有同樣的願望，沒有例外。那些人也和我們一樣，希望遠離苦難，希望快樂。從這樣的角度來思考時，同理心就被啟發，使我們不再傷害他人，轉而想善待別人。

◆「此人現在正在經歷什麼？」不管什麼時候，如果有人對你表現煩躁、無理、敵意，就想一想：「是什麼人或什麼事煩擾了他。」透過這問話，可以讓我們設身處地以對方的立場設想，以這個人的身心去感受。

◆接著問問自己：「我可以怎樣用心一點？更仁慈一點？」那麼我們必然會認清對方需要有人去傾聽、去愛、去體諒，付出更多的關注和關懷。

原諒就是力量，寬恕是放自己自由

在大多數時候，要原諒他人很困難，是由於很多人誤解了原諒的意思。

如果我原諒他，我的苦痛就沒人知道。

如果我原諒他，會好像我沒把這件事當回事。

如果我原諒他，等於漠視或認同了他人的錯誤行為。

如果我原諒他，就等於縱容他，使他得寸進尺。

我們以為，不原諒就是讓對方受到教訓，得到懲罰，日子不好過。但實際上，傷害最深的人卻是自己。

當你怨恨一個人時，靜下來想想：如果憎恨在自己心中，是誰承受怒氣、憤慨、仇恨的情緒？誰會睡不安穩？是誰會痛苦？是誰會生病？到底誰在受罪？

是自己，對嗎？因為怨恨和氣憤是附著在你身上的。你憎恨的那個人也許活得很愜意，你卻深陷其中無法自拔。對別人懷恨在心，就好比毆打自己卻希望對方覺得痛，自己喝毒藥卻希望對方中毒。不是很傻嗎？

不是因對方值得被原諒，而是對方不值得一提

為什麼有些人能夠寬恕傷害過自己的人？

一個人很難原諒，是因為我們把焦點放在他人的過失上。寬恕則不同。寬恕關注的焦點是自己幸福快樂，是內心平和，是自我的療癒，是讓自己活得更好，無關他人。就算別人有錯，一樣可以寬恕。

你選擇寬恕，是為了自己，而不是為了別人。不是因對方值得被原諒，而

是對方不值得一提。法國思想家盧梭提醒我們：「如果我提著一袋死老鼠去見你，那一路上聞著臭味的不是你，而是我。」寬恕就像丟掉手中那袋死老鼠，不是要放過對方，而是放過自己。

最令人矚目的例子就是曼德拉，他寬恕那些曾對他虐待侮辱，把他關在牢獄裡二十七年的監所看守員。並留下一句經典之語：「當我走出囚室，邁過通往自由的監獄大門時，我已經清楚，自己若不能把悲痛與怨恨留在身後，那麼我其實仍在獄中。」寬恕就是釋放一名囚犯，而那名囚犯其實就是你自己。寬恕是放自己自由，是決定不再被不滿情緒所俘虜，決定餘生不要活在憤怒之中，決定讓自己從痛苦中解放。

如果不知道該怎麼原諒對方，辦不到呢？

你不必告訴對方，你原諒了他們；只要在心中原諒就好。如果還是無法做到，可以先把「原諒」放在一邊，試試「接受」。

接受你被朋友出賣、被恩將仇報，接受愛人對你不忠，接受他們的行為傷你至深，接受人生中不幸難以避免，接受日子回不到過去，接受人都會犯錯跌跤，接受自己也會犯錯懊悔，接受自己識人不清，接受自己無法改變已經發生的事……，這樣我們才能放手，並且繼續向前，重新開始新的生活。

每一次經歷過傷痛，都面臨著兩個選擇

英國有位詩人和他的妻小一塊居住在海邊。他的兒子漸漸長大，發現爸爸有一件事始終令他不解。他看到爸爸無論是特別開心或心情特別不好的時候，都會獨自一人到海灘散步，但奇怪的是，他高興的時候會帶漂亮的貝殼回來，心情不好的時候，就兩手空空回來。

兒子對此感到好奇。這天，恰巧有位遠方的朋友幫了爸爸一個大忙，事後果然爸爸又到海灘散步去了。兒子好奇地跟了出去，只見爸爸挑了塊漂亮的貝殼，帶回家清洗好，小心翼翼地在貝殼裡頭寫上了那位朋友的姓名與當天的日

期。

幾天後，爸爸遭受某人無禮的批評，氣得不得了。當天晚上，他又是獨自一人到海邊散步，兒子跟在後面，想知道爸爸為什麼不撿些貝殼回來，讓自己開心一點。這回他跟了半天，才發現爸爸將那個人的名字與當天的日期全部寫在沙灘上，然後就回家了！

兒子一回到家，就忍不住好奇地問：「爸爸，為什麼你要把對你好的人的名字寫在貝殼上，把得罪你的人的名字寫在沙灘上呢？」

爸爸回答：「貝殼值得珍藏，當我看到那些美麗的貝殼時，就會想起世界上原來有那麼多對我好的人，心情會好很多。而至於那些不好的回憶，就任它們像沙灘上的字一樣，讓時間的潮流給沖逝，不要讓它們繼續影響我隔天的心情。」

我們每個人的人生歷程中，都經歷過傷痛的經驗，每一次都面臨著兩個選擇。

我是要讓傷痛在我的記憶烙下永遠的印痕，還是希望平撫傷痕早早痊癒？
我想要的人生回憶是什麼？是一個希望與感恩，還是悲慘與怨恨的故事？
靜下來，好好想想。

◆ 寬恕是一個過程，不但需要面對真實自我的勇氣，也需要時間與過程。下列問題可以幫助你。問問自己：

◆ 我從負面情緒中得到什麼？懷著憤恨，有何益處？

◆ 老播放怨恨的舊片，身邊的人會怎樣？會受什麼影響？

◆ 我變悲慘的時候，誰會難過？誰會高興呢？

◆ 過去被人傷害，現在是誰持續反復地傷害我？

◆ 放下這些負面情緒，可以為生活增添更多的和諧和喜悅嗎？

◆ 如果我決定往前邁進、永不回頭，人生可以如何重新開始？

個人成長

所有的經歷，都是為了成就更好的你

人生，只有親身體驗才真正屬於你

我們赤裸裸地來到人世，又雙手空空地離開，不帶走任何東西，那麼，人生到底為了什麼？這問題無比重要，因為很多人已經忘了來這裡的目的是做什麼了。人來到世間不是為了要管先生、太太、小孩，或跟人爭權奪利、買房置產。人生最重要的一件事，就是體驗生活與生命本身。

想像一下，如果有個人從出生開始就被關在一個房間裡，幾十年如一日。那麼當他一百歲的時候，我們能說他活了一百年嗎？

一模一樣的環境，一成不變的生活，感覺上也等於沒活過。有些人歷經種種考驗，刻骨銘心，或過得豐富多采，時時咀嚼回味，不等於多活了許多年？

別人的經驗是故事，自己的經驗才是人生

哲學家羅伯特．諾齊克在多年前曾提出一項思想實驗，如果有一台體驗機器能讓你體驗你想要的任何感受，但當你進入這台機器後，你會以為自己經歷的一切都是真的，你不會知道自己其實是在機器裡面。那麼你會選擇進入機器去「體驗人生」嗎？

諾齊克認為大多數人不會選擇進到這種機器裡面，因為我們想真切地體驗生活。

人生，只有親身體驗才真正屬於你。我可以跟你描述藍莓口味冰淇淋的味道，但是除非你親自品嚐過，否則都不會了解；我可以告訴你湖岸群峰的百變容顏，但是只有當你身歷其境，才能感受到那種絕美多彩。我可以提醒你這鍋子很燙，但只有當你被燙到才能體驗，原來這就是燙的感覺。

只有愛過，才知道痛；只有經歷貧窮，才知道生活的艱辛；經歷孤獨，才

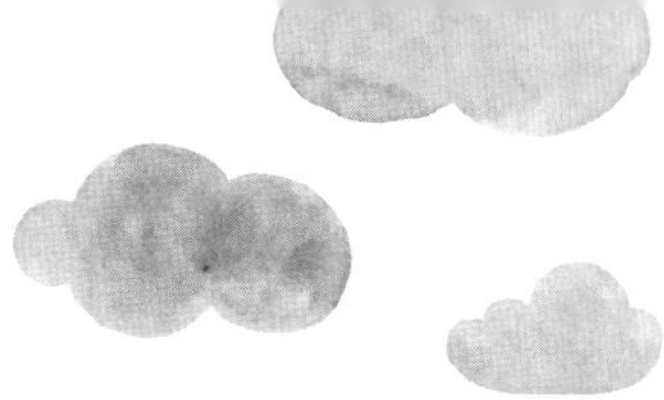

懂寂寞可怕；經歷漂泊，才感知家庭溫暖；經歷生死，才體會人生悲喜；只有摔一跤，才知道坎坷在什麼地方。別人的經驗是故事，自己的經驗才是人生。

生命的許多領悟和智慧都是在經歷過才體悟到。高潮與低潮，愉悅與艱辛，希望與失落，相聚與離別，每一個環節都盡情去感受。不管好的、壞的、甜蜜的、酸苦的，點點滴滴，被拒絕的心碎，把事情搞砸的難堪，曾摔個大跟斗……人的一生就在於這些走過的路，經歷的苦難，挺過的每一場風暴，都造就獨一無二的自己。

用心體驗生命的歷程，不管任何日子都無可取代，因為很快的，每個季節，每一天，每一刻，都將成為過去。看花開花落，我們知道花兒明年一樣會開會落；然而，生命一旦過去就無法重來，人事無法重現，就算回到一樣的地方，也回不到一樣的時光，生命僅僅是當下的一瞬間。

人生最悲慘不是死亡，而是錯過生命

人們急著長大，然後又期望生命能重來一次。日子看起來很漫長，走過才發覺很短。每個週末，我們奇怪一個星期怎麼就過了；每個除夕夜，我們感歎怎麼一年又不見；去爬個山，才發現體力大不如前；看到白髮，這才驚覺自己老了，卻怎麼也想不起來，日子是怎麼消逝的。

人們害怕死亡，其實真正害怕的並不是死亡本身，而是錯過了生命——錯過了生活，錯過了欣賞，錯過了夢想，錯過了歡樂，錯過了享受，怎麼這樣就結束了，這才是最可怕的。

法國作家羅曼・羅蘭曾有感而發：「大多數人在二十或三十歲就死了，他們變成自己的影子，往後的生命只是不斷的一天天複製自己。」這話真是當頭棒喝，對大多數的人而言，人生彷彿只是一個接一個無聊日子的重複。多數的生命只是在不斷重複的日子中消逝。

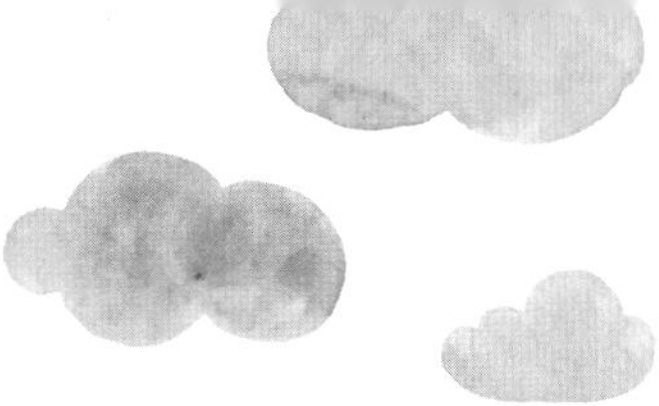

試想，當你某天醒來，忽然意識到今天所要面對的生活無異於昨天，生命對你來說，有什麼意義？這樣的人生是否很乏味無趣？

你可以這樣問問自己：當生命終了時，你會不會希望自己曾是以另一種方式過活？如果是的話，你過的就是不想過的人生。今天起，以你喜歡的樣子，去過你想要的生活，感受世間的美好，享受每個當下。你死之後，就沒有人能夠代替你體驗生活。切記，在美麗的花朵凋謝前，盡情欣賞它的優雅，聞聞它的芳香。

◆想像一下，你走進一輩子只能進去一次的遊樂場，你打算怎麼度過？是不是會玩遍每一項遊樂設施，嘗遍每一種特色小吃，欣賞不同的表演，挑戰你害怕的……夕陽西下，離開遊樂場的時候，你沒有遺憾，因為你已經嘗試了各種體驗。

◆人這一生不過是一場體驗，悲歡離合，酸甜苦辣，品嚐過了，這一生就圓滿了。盡情活出自己，愛過、痛過、精彩過，人生才沒有白過。

好事，壞事，都是對人生有用的事

「這種事為何發生在我身上？」「我做錯了什麼，竟遇上這種事？」壞事發生時，人們常會抱怨抗拒，這種反應看似自然，卻毫無意義也毫無益處，只會讓自己沉溺在鬱悶痛苦中。

想超越受害者角色，必須提高思考層次，問自己「這可能有什麼生命禮物？」接著，不管你相信與否，至少想想這其中有什麼正面的或有價值的地方，「這教導了我什麼？」「這對我有什麼好處？」「我如何從中成長？」「如何從中獲益？」這些提問能打開我們的心，用截然不同的眼光看待人生。

團隊表現不理想，也算好事，能及早暴露出存在的問題，及時改進。

感嘆花了多年青春，最後發現愛錯人，反過來想，總比婚後才發現好。工作艱難，生意難做，換個角度想，若不是這樣，所有人都會搶著做。表演出錯，比賽慘敗，這樣等成功勝利時，就有故事可以跟大家分享。

剛開始做這練習時，可能很不習慣，但是請堅持一個星期，會越來越容易。其中的關鍵是，遇到壞事，不去只想著它有多壞，反而想它的好。我自己先試過，它真的有效，接著我試著用在孩子和學生身上，也受益匪淺。

壞事也有好的方面，或經過努力可能變成好事

每件事都有一體兩面，選擇去看哪一面，都看個人角度。我們在感情裡常遇見的「壞事」分手為例，我們明知對方不好或雙方不合，可是我們並沒有因為離開一個不好的關係而開心，反而覺得傷心。為什麼？

答案是，我們選擇了「壞事」這個名詞，把它們稱為壞事。其實分手是離

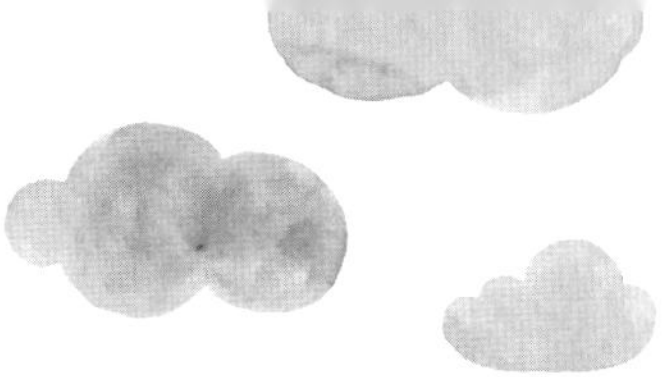

開不愛你或你不愛的人，脫離不愉快的關係，不再消耗彼此，換回雙方的自由，可以認識新朋友。這怎麼是壞事？

你傷痛，表示你曾經愛過，凡是愛過的，都曾幸福過。如果能把每一段感情的重心，放在自己的成長，就不會在情傷中，久久走不出來。

人們常會後悔自責，要是當初如何如何，就不會發生這種事。懊惱假如那時沒有如何如何，結果就不會這樣。真是這樣嗎？不，就算回到以前，你還是會一樣的，因為沒有經歷過，就不會知道，假如這件事不曾發生你就不會學到。

在課堂上，我常會問學生一個問題：「大家是否覺得越是痛苦的經驗，讓你學到東西越多？」幾乎沒有例外，教室裡每雙手都會舉起。這就是我想說的重點，我們面對困境，為什麼總是看到不好的那一面，沒體認到困境是一份禮物？

前者，會讓我們覺得事情很糟糕、很嚴重，難以接受，那麼自然會感到沮喪、懊惱、痛苦；後者，能減緩我們負面感受，並從事件當中學到有用的東西，或者發覺某些好處。

生命中的許多禮物，都是討厭的事給我們的

這幾年持續寫書，常有人會好奇問我，怎麼可以寫各類題材的文章？這其實是因為我收到不少「人生禮物」。從小在大家庭長大，常要察言觀色，這讓我學會敏銳觀察，善解人意；求學過程的挫敗，讓我對他人的困頓有更多的理解與包容；在醫院接觸無數傷痛的人，讓我得以了解別人的感受，同理別人的需求；那些曾經傷害與打擊我的人，讓我磨練了心性，激發了潛力，心靈更成熟。還有人生種種不順遂，貢獻了許多故事和寫作題材。

當我思索過去曾發生在自己身上最好和最壞的事件，常驚訝地發現它們是同一件事。

原來，阻力就是助力，困難點就是突破點。所有阻礙的人事物之所以出現

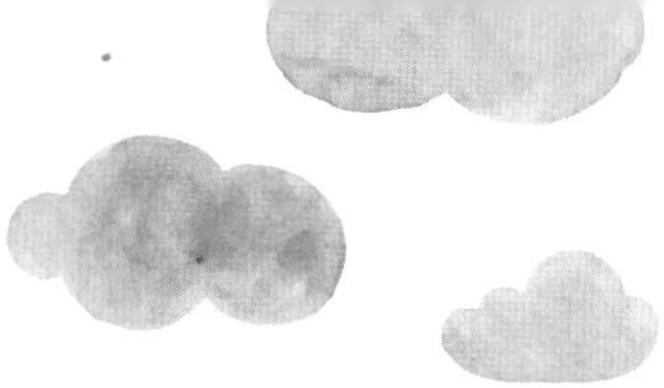

在生命中，都是幫我們發展出之前根本不知道自己擁有的能力。當解決難題，克服困境之後，就能突破與超越自己。

好事，壞事，都是對人生有用的事。一旦看清這點，整個人生會完全改觀。

- 別再把事情分成好事或壞事，正面或負面，只是單純地去體驗與學習。
- 不問「成—敗」，要問自己有沒有「成長—收穫」。
- 不問「得—失」，要問自己是否變「成熟—提升」。
- 不問「好—壞」，要問自己有什麼「幫助—領悟」。
- 發現壞事也有好的一面，或經過努力可能會變成好事。最沉重的負擔，有時也會成為最強而有力的翅膀。

你與成功的差距，就在這裡

為什麼有些人遇阻礙就感到無能為力，有些人卻不斷成長強大？為什麼有些人很容易被生活中的挫折打敗，有些人卻越挫越勇？其實只有一個小小差異——思維模式的不同。

心理學家卡蘿．杜維克把思考分成兩種：「固定型思維」與「成長型思維」。

固定思維模式的人，很在乎最後的結果，如果事情搞砸了，就會認為自己不擅長，覺得自己不夠好；害怕挑戰，遇到阻礙容易採取防衛或輕易放棄，只要被挫折擊敗，很可能從此就一蹶不振。

成長思維模式的人，會把挫敗當成一個學習機會，不會就此否定自己；反而相信自己的智力和才能可以不斷成長，願意接受更多挑戰，並從挫敗中振作，最終獲得更多成就。

如何讓自己保持在成長型思維？統整三個方向：

一、不要去想輸贏的事，將整個人專注在你正在做的事。

最近兒子打球，正面臨瓶頸，無法超越自己以往的水平。當我看到他的練習後，立即就找出了其中的癥結。原來當他投球時，就會陷入心理上的障礙，把一次很平常的投籃失敗看成是莫大的挫折。為了破除他的心結，我告訴他：「贏球不應該是你的目標，你要盡力去打一場好球，施展最佳實力。」

恐懼本身不能使人得分，克服恐懼才能。不要老是想著得分，就不會再害怕犯錯。

二、把失敗視為一種挑戰而不是挫折，是自己又可以進步的可能。

學習沒有錯誤可言，因為那是唯一方法。沒彈錯幾個音符，怎麼可能學會吉他；沒翻過幾次船，怎麼學會揚帆。我們都是透過不斷犯錯與失敗，才學會現在會的任何東西。

失敗是什麼？沒什麼，只是更走近成功一步。失敗可以給予我們寶貴的學習經驗，讓我們知道什麼是錯的，明白下一次怎樣才能做得更好，讓我們不再犯下相同錯誤。

三、人可以不成功，但是不能不成長。

成功很大程度上依靠外在，會有許多變數，但成長是內在的，全依靠自己；就算有人阻礙你的成功，也沒人能阻止你成長。

有個朋友是做業務代表，每次只要沒談成任何生意，從臉上表情一眼就可以看出來。「浪費那麼多時間，結果什麼也沒得到。」他總這麼抱怨。

「你應該改變心態，」我告訴他：「如果你只以成交和賺錢衡量成敗，一定會患得患失。若你用是否成長來衡量，就不可能一無所獲。」

建議大家在遇到挫敗時寫下「我學到……」的語句。等事件結束後，要求自己以「我學到……」的敘述來記錄自己所學。

若非願意挑戰不可能，又怎能測試自己的可能？

成長的感覺太重要了。假若有一天，開車可以讓我們輕易到達玉山頂峰，那麼攀登玉山還會是一件令我們感到神聖的憧憬嗎？

再想像一下，輕鬆搭車與靠自己雙腳一步一步往上爬，忍受過程的辛苦，疲憊後到達頂山頂的心情，何者會讓你比較有成就感、滿足感？

人多半都怕吃苦，遇到困難障礙時，通常都避之唯恐不及。然而如果欠缺挑戰性，就不可能深感滿足；缺乏成就感，就不會有學習動機；生活缺乏生氣，很容易變得無聊、倦怠、疲憊。很多人不希望像那些成功的人一樣過得那麼「辛苦」。殊不知，過得庸碌無為的生活才是最累的。

我寫過各類的文章。我知道，有些是失敗的。我可不是故意要寫差的，每篇我都會盡我所能去寫。好的文章通常都意味著我所熟悉的主題，而那些較差的，多半都是我嘗試挑戰的。

人生輸贏不只在一篇文章，一場比賽，一次買賣，一個結果。生命的目的，是要拓展自己。若我們不嘗試，怎麼會知道自己最多能做到哪？若非我們願意挑戰不可能，又怎能測試自己的可能？

請試著分辨「我有多次失敗經驗」和「我是個失敗者」，注意這兩句話的差別。你與成功的差距就在這裡！

◆ 我們相信人生「非輸即贏」，如果贏不了，我們就是輸家；如果得不到想要的東西，我們就是輸家，我們輸掉自信，輸掉自尊。

◆ 這是很大的誤解，事實上，自尊是屢經挑戰，一再驗證自我成長的過程，並逐步累積於心的自信。當你克服重重考驗，重新審視自己，發現自己如此優秀時，就會擁有真正的自尊和自信心。

改變很痛苦，但不改變會受更多苦

生命無時無刻都在改變。沒有改變就沒有成長，沒有成長，生命就會枯萎。甚至連樹木都知道得很清楚。到某個季節，舊有的葉子就會掉落到地上，騰出空間讓新的葉子長出來。如果它們繼續抓住那些舊有的葉子，那麼新的葉子就會沒有空間可以長出來。

當生命越來越沒活力，活得越沒希望，越活越不快樂，這時很可能就會發生突發事件，也可能是一場災難。無論這危機是命中注定、是意外、或是自己造成的，它都代表著生活需要有所改變。

改變是「除舊佈新」，舊的離去，新的事物才會到來。這個看法和多數人認為自己厄運纏身，不幸災禍，受無情的打擊，很不一樣。想想，如果事情沒發生，問題沒那麼嚴重，或許我們就會安於現狀，生命可能有什麼改變呢？如果不改變，還能有什麼機會和希望？怎麼會有新的事物到來？

改變的痛苦是一時的，而受苦是持續的

我們必須放下自己所規劃的人生，才能擁有正等在我們面前的人生。下列幾個是我接觸過的例子。

「我被開除，失業好幾個月，但我最大的收穫是找到現在這份我喜歡的新事業、也滿意新生活。」

「我被分派到人生地不熟的地方，不僅發現自己獨立的一面，同時接觸不同的文化和認識不同的族群生活，學會新的語言。」

「當我先生離我而去時，我以為我已經完了。然後，我從自怨自艾中走出

來。我真的是跨出了一大步！現在我覺得很快樂，而且掌握了自己的人生。」

「如果不是生了這場病，我是無法停下腳步，並徹底改變生活模式、飲食習慣，與家人的關係，這場病其實是上天給的祝福。」

「我現在很感謝造成婚變的第三者，若不是她的出現，我的婚姻仍停留在一灘死水的狀態，現在我就不可能離開，更不可能自己創業。」

人們常「被迫」進入一種新生活，多數人會發現，那些被視為谷底的其實是重生，以為的結束是全新的開始。

有一則老鷹重生的寓言。故事是說，老鷹可以活到七、八十歲，但是在四十歲時會面臨一道重生的關卡——老鷹必須拍打岩石把又老又長的喙給拍掉，再以長出的新喙拔掉老化的爪甲，最後再以新生的爪甲拔掉舊羽，待長出新羽就得以重生。

經歷漫長的「脫胎換骨」的困苦淬煉後，老鷹就可以煥然一新，再翱翔天際三、四十年。

改變可能很痛苦，但不改變會受更多苦。

「痛苦」與「受苦」兩者並不相同。改變的痛苦是一時的，過一段時間就消失；而受苦是持續的，一直糾纏不放。改變的痛苦是一種養分，能換得未來生機；受苦則是一種折磨，陷在困局看不到未來。

去思考自己「想要」什麼，而不是「害怕」什麼眞實的不完美

「萬物皆有裂痕，那是光進來的地方。」李歐納·柯恩(Leonard Cohen)的一首歌曲《Anthem》：「There is a Crack in Everything, That's How the Light Gets in.」即使在最黑暗的時刻，也不要忘記希望的力量，就像照進裂縫裡微光。

以「希望」為出發，而不是以「恐懼」為出發。恐懼誇大失去的痛苦，限制你的發展跟想像，把自己困在不幸，讓你活的越來越沒自信，也失去了往前

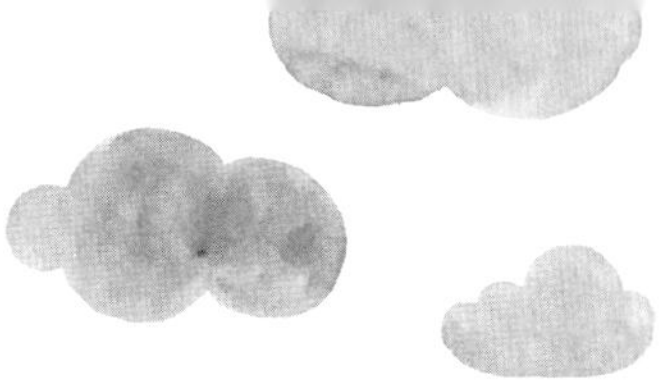

邁進的能力。

去思考自己「想要」什麼，而不是「害怕」什麼。問問自己：「我想要人生有所改變嗎？我希望未來有所不同嗎？」以及「如果我不害怕，我會抓住這機會嗎？我會跨出去嗎？」如果答案都是肯定的，就去做吧！不想要這樣生活，就要改變它，不能改變，那就離開。

我們必須先放棄沒希望的，才能擁有我們期待的人生。學會放寬心，情況一定會好轉，因為所有一切都在變化。有人覺得日子百般苦惱，千般折騰，幾年後，卻模糊的想不起那些耿耿於懷、刻骨銘心的舊事。有時覺得路已到盡頭，快撐不過去，但隨著時間流逝，無論當時多麼想不開、捨不得、放不下，也成為過去。

人生有如四季的變遷，枯葉隨風掉落，樹枝開始冒出新芽。當寒冬已至，春天還會遠嗎？

◆一隻毛毛蟲如何過河？是該更加拚命地蠕動嗎？當然不是。是蛻變成蝴蝶。

◆毛毛蟲其實可以飛，但牠無法想像這樣的事，所有改變的過程遂成了艱辛的掙扎。

◆當你走不過去的時候，只能飛過去。你必須先超越自己的「可能」，才能突破自己的「不可能」。破繭而出，翩然起飛，然後整個天空就是你的。

生命的意義，藏在我們的痛苦裡

「我一直都在痛苦，我如何才能不讓自己受苦？」一位讀者問。

人生旅途總是起起伏伏，不管願不願意，所有生命都要經歷無數的傷害，大大小小的不順遂，各式各樣的苦難與災禍，誰都無法逃避。人會痛苦，是因為拒絕受苦，是我們帶著錯誤觀點，沒有學會讓這些傷害變成養分，是製造痛苦的根源。

要止息痛苦，不在於避開，重點在於了解。曾懷孕生產過的婦女可以體會這個道理。她經歷生產過程的疼痛，但是她並不會感到痛苦；反而會透過這個過程，對生命及創造出生命的過程感到強烈的歡欣。

「痛」和「苦」並非同一件事。「痛」是身體或情緒上的經驗，而「苦」是我們的想法。我們都知道，不同的人經歷同樣的處境，常會有截然不同體驗，這一事實就是最好的證明。在醫院，我觀察過同樣面對家人病故，有些人會因家人受盡折磨而無法釋懷，有人則因家人得以解脫而感到釋懷。心智如何看待，決定了我們如何經驗它。

傷痛在哪裡，領悟的契機就在哪裡

如何面對痛苦？許多證據顯示，歷經痛苦事件而能恢復的最好的人，就是在痛苦經驗中找到意義的人。阿瑪斯在《鑽石途徑》書中提過一則女學生照顧臨終老婦人的事。

這名女學生每個禮拜都和他碰一次面。她每次都會向他哭訴那位住院老婦人有多痛苦，她的一生都活在悲苦中。最後老婦人過世時，這名學生哭得比從前更嚴重，並且開始感到憤怒。她問道：「這一切又有什麼意義？」

「這是很好的問題，而答案也很有趣。」阿瑪斯說：「那位老婦人讓這名學生認識了慈悲是什麼。因為結識她，學生的心打開了，她從中體驗到從未有過的慈悲。而透過這名學生，老婦人也體認到了什麼是慈悲。」

當不幸降臨自己身上時，會覺得人生悲慘，我們怨天怨地，驚慌失措，抗拒想要逃避。可是過一段時間再回顧那件事時，才領悟：「因為有那樣的經歷，才有今日的我。」相信許多人都曾有過這樣的經驗。

我認識一位學者，從小父母離異，他曾陷入自怨自憐。「後來還好我改變了心態，」他說：「我不能一直只抓著傷痛，而應該去看這個傷痛所帶來的意義。這時才體會，原來我的生命裡不是失去父親，而是得到比別人更多的母愛，單親也讓我更加獨立堅強。」

傷痛在哪裡，契機就在哪裡。想想看，當我們一帆風順、一切順心如意，誰會去發現問題？誰會去反省？誰會領悟？但當一個人遇到挫敗，生了重病，父母去世，就有一個可能性。當愛人或親人離開你，在經歷過無數孤寂的夜晚，你就會體會。

朋友告訴我，年輕時忙於事業打拚，直到母親病了，反倒是一家人相處最多的時光。這半年每個週末三兄妹都回家聚會，輕鬆聊天，回憶起年輕時的趣事。母親去世後，我們才體悟其中的意義，原來母親希望我們經常相聚，聯繫過去的手足之情。

人活在痛苦中，是因爲還沒領悟到受苦的意義

生命的意義，就藏在我們的傷痛裡。當我們進入谷底，在谷底煎熬之時，或許就是關鍵時刻。

有位可愛的小女孩因罕見疾病過世，她的父母心如刀割。經過一段哀悼期後，這對父母決定透過比較有效的途徑紓解痛苦，決定投身這未知疾病的研

究，並與人分享經驗，預防其他人遭受同樣的痛苦；讓愛女過世變成讓世界更美好的力量，不再只是失去、無意義。

日本小說家村上春樹這麼說：「風暴一旦結束，你不會記得自己是怎麼撐過，又是怎麼活下來的。事實上，你甚至無法肯定風暴真的已經結束。但有件事是肯定的——當你走出風暴，你將不再是當初走進風暴的那個你。這就是這場風暴存在的意義。」

人一生都在「抗拒痛苦」的錯誤想法中度過，然而，你已經承受了痛苦，尚未做的，是去領悟受苦的意義。

◆ 生命中的苦，我們本來就必須承受，但是因為想法所追加的苦，卻是沒必要的。想想看，當你哀怨不滿時，痛苦可以減輕嗎？會改善你的處境？會改變結果嗎？

◆ 一個人能感覺疼痛或經歷痛苦，卻沒受苦。當我們從痛苦中找到正面意義，就能克服人生的諸種限制、苦難、挫折、磨練，這些痛苦就會止息，甚至能轉苦為樂。

相信所有的發生都是最好的安排

「這是真的嗎？」很多人會有的疑問，「難道我考試落榜，我被劈腿，配偶離去、遭到解雇、生病住院，也是最好的安排？」

人會期待最好的安排，多半是希望一切都朝著自己希望的方向發展，變成自己所喜歡的樣子，但人生無法盡如人意，困境難以避免，這種想法只會讓自己不斷陷入失望痛苦。而且世事難料，事情會怎麼發展，其實我們並不知道。

一位朋友時常跟我提到「禍兮福所倚」的觀點，他就是因考試失利，才跟現在的老婆認識，並組成家庭；也是因被資遣，後來自己開店，才建立起自己事業。就像是一種特意的安排，很多事情的發生，只有在日後逐片去拼湊記憶時，才恍然大悟。

我有許多同樣經驗。印象最深是在學生時期，父親幫我報名參加針灸班，當時覺得很鬱悶，因為整個週末和暑假都泡湯。沒想到，多年後到偏鄉外島服務，竟發揮大用，從此引發興趣，還將研究心得發表出版。當年抱怨嘆息的我，竟開啟日後三十年寫作之路。

「所有的發生都是最好的安排，都是為了後來的成就鋪路！」每當我遇到不如意的事時，都會想起這句話，發現自己不再哀怨，也常以此開導遭遇逆境學生，幫他們走出人生低谷，擁有往前走的力量與勇氣。

如果我們當時便能清楚狀況，我們反而覺得慶幸

人們有一個普遍性的問題，就是想的太多，深層的理解卻太少。

很少人會明白：期待落空，計劃受阻，事與願違，是上天另有安排。很少

人會相信，沒獲得升遷，被欺騙背叛，其實是一份祝福；班機延誤，塞在車陣，讓我們遠離一場意外；很少人會這麼想，死亡對受盡病痛煎熬的親人來說，也許是最仁慈的結果；現在遭遇的厄運災禍，是造就我們非凡人生的關鍵。

維儂·霍華在他的著作《鼓舞你自己》有個故事叫做〈迷惑的金屬片〉

從前有一片金屬很舒服的躺在某座工廠裡一個低矮的架子上休息。它在那邊待了很長一段時間，什麼都沒做，只是積灰塵而已。有一天，一個工人把它拿了起來，拎到工作台上，開始把它扭成別的形狀。

金屬片嚇了一跳，害怕地大喊：「你為什麼要這樣對我？」

「這是為了要讓你看到你想像不到的奇蹟。」工人回答：「你現在會覺得很奇怪，很害怕，但總有一天你會高興的。你看，我正把你做成望遠鏡了。」

在當時看起來悲慘的事件，從來不能夠代表整個故事。引用俄國文豪杜斯妥也夫斯基的一段話：「一切都是好的。一切！人之所以不快樂，是因為他不知道自己是快樂的，僅此而已！就這樣，沒錯！誰能夠明白這點，就會立刻快樂起來，而且馬上，就在當下。」

如果現在看起來不好，那只是還沒到最後

我聽說，全世界最好的波斯地毯很多來自中東某一些小村落，每一張地毯都完全用手工編織而成。

織波斯地毯的方法，是用一個大型而垂直的伸展架，織工的師傅站在毯子的一端發號施令，助手們則站在另一端動手織毯子。

由於助手通常是以背面朝上的方式編織，在看不見正確花紋的情況下，只能聽師父的口令動作，拉扯一條條毛線。

有時出了差錯，師父並不會叫人解開織錯的線重織，僅在原本織錯的紋路上，再創造出新的花樣。修改後的花樣往往比原來的樣式更好看。

工作一整天之後，助手們走到師父這一邊，才第一次看到他們辛苦耕耘的

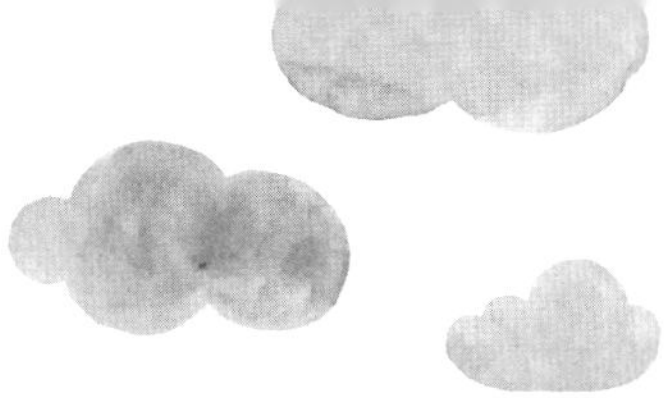

成果，單調的線條已變成美麗的圖紋。

每一件發生在我們身上的經歷和事件，都將指向一個更廣大、完美的構圖，遠非我們一時片刻所能想像。

把眼光放遠，不要只看一時。很多時候，眼前沒有得到想要的，是因為上天總是把最好的留在後面。不要急，如果現在看起來不好，那是因為還沒到最後。當你身處困境，心生絕望之際，又豈知未來不會發生驚喜的改變呢？

◆

無論發生什麼事，那都是唯一會發生的事。
不管事情開始於哪個時刻，都是對的時刻。
已經結束的，就已經結束了。
如果事與願違，請相信這一切都是最好的安排。
很喜歡這段充滿智慧哲理的「四句箴言」。相信所有當下的每一刻，都是最好的時光；所有的離別，都是為了更好的相遇；所有的缺憾，都是為了來日的圓滿；所有的不如意，都是為了成就更好的你。

快樂幸福

與其羨慕別人，不如活成你羨慕的樣子

尋找快樂，是把快樂遺忘的人

什麼是快樂？要得到什麼才能讓你快樂？

每次問大家這問題，答案有千百種。有人說：「吃大餐，讓自己睡個好覺。」有人說：「要受到讚美，得到升遷，出國度假。」有人說：「要獲得加薪，買到那雙新鞋，業績成長一倍……。」真是這樣嗎？

回想一下，在你一生當中有多少次已遂你所願！如果說話算數的話，你早該快樂了，不是嗎？你想要的東西，你得到了；你想去的地方，你也去了；你喜歡那個人，你們也在一起了。在生活中，你已經一次又一次得到想要的東西，為什麼仍不快樂？

因為所有事物帶來的快樂都短暫易逝。你買到新衣、新鞋很開心，當新鮮感過了，快樂也隨之消逝。達成某個目標和成就，伴隨這些事情而來的快樂，很快的，更大更新的欲望升起，你一切努力只換來了一瞬間的感覺。這些快樂到哪裡去了？為什麼總稍縱即逝？

認為需要某些東西才快樂的人，往往很難快樂

如果你經常不快樂，就必須問自己：「為什麼要不斷追求快樂？」「我所追求的，到底是什麼樣的快樂？」

有一個徒弟問他的師父：為什麼有人想盡辦法追求快樂，但還是不快樂？那位師父就指著旁邊一群正高興玩耍的小孩說：他們看起來應該是最快活的。

然後他抓起了一把銅板丟向那一群正在玩耍的小孩。一群小孩立刻瘋狂的搶起銅板，有人大吼大叫，有人大哭。剛剛的歡笑已經消失的無影無蹤。

大多數人以為的「追求快樂」，其實是給自己設下「快樂的條件」，且不說這些條件並不等於快樂，光是追求本身，就阻礙了快樂。認為需要某些東西才快樂的人，沒有注意到每一種「需要」，都讓自己越來越難滿足，越來越不快樂。如同流傳千古經典《奧義書》所說：「任何需要理由的快樂，只是悲慘的另一種形式。」

哈佛大學心理學教授塔爾．班夏哈提到，有位學生在上完一堂精彩的課之後，走上前來問他：「我什麼時候才能享受單純的快樂？我覺得好像非得不斷地追求成功不可，先是苦讀以求進入哈佛，現在又要每一科都拿A。不知道什麼時候，我才能放鬆、快樂一下？」

班夏哈答道：「何不就從現在開始？」學生們聽完都呆望著他，好像他腦筋有問題。這也是大部分人的情況——人不快樂，是忘了自己原本的快樂。

就以你這樣，現在你就可以快樂起來

快樂就在心中。當你起床，快樂跟你在一起；當你出門，快樂跟你一起出門；當你上班、上課，快樂也跟著你；當你挫折失意，快樂依舊在你內心……。並不是因為我們生活完美或應有盡有，而是不管生命有什麼遭遇，我們依然可以快樂。並不是得到了某些事物帶來快樂，而是因為我們快樂了，所以更能享受這些事物。

你不需要從外在取得快樂，而是把「你內在的快樂帶到外在的經驗裡」。了解這一點，你就不需要得到什麼或完成什麼來使自己感到快樂。假如你有一輛車，就可以開到海邊兜風，踏浪賞夕陽。不過要是沒有，也不必難過，因為你不需要車也一樣可以到海邊兜風，踏浪賞夕陽。當你走在沙灘，吹著涼風時，這就是快樂，而不是邊走邊想著自己沒車。

長大不是壞事，失去單純才是。做任何事情都回歸到單純上，用最單純的

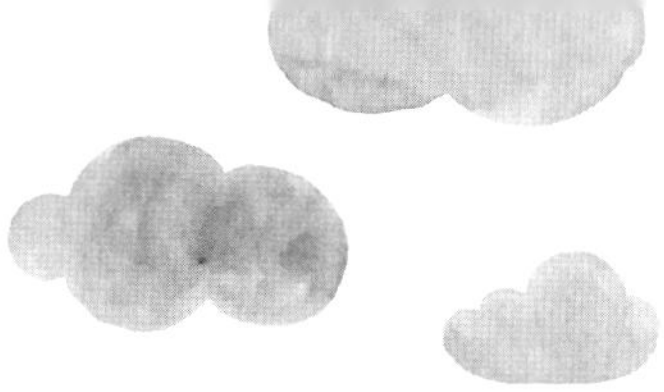

心來看待與做任何事，快樂就會很單純。

你原本就是快樂的，只要回到單純的那顆心。

◆作家歐本海姆說：「愚蠢的人向遠方尋求快樂，聰明的人在腳下栽種它。」

◆快樂不是目標，而是一種心態，一種存在的狀態。一朵小花可以是快樂的理由，一個微笑可以是歡喜的原因，一陣微風也可以成為幸福的體驗。快樂就是這麼簡單。用心活在現在，享受現在，快樂不找自來。

重要的是經驗的品質，而不是數量

長久以來人們有一種迷思：假如某個東西出現一些時很好，數量更多時一定更好。不過，看似理所當然，答案卻是錯的。一星期看一兩場電影能帶給你快樂，若整天都看卻會意志消沉；躺在床上是舒服享受，躺太久反而難受。當你極度口渴時，喝下第一杯水，覺得甜美滿足，但第二杯、第三杯之後，滿足感就會減少，喝多了還會反胃。

為何擁有更多沒比較快樂？只要比較第一次跟上一次拿到「新手機」時你的感覺，就明白我的意思。一旦有過連續的體驗後，不管是吃第一口冰淇淋，買第一部車，我們很快就會開始適應，其所帶來的愉悅體驗也會逐漸減弱。

比較有錢比較快樂？許多國家探查了樂透獎得主，結果出乎預料。除了剛中獎那段時間外，在日常生活他們所感受到的快樂，基本上和一般人無異，只是平白多了許多錢而已。那麼，為何贏得鉅款無法使人們快樂？

想想，當你成為億萬富翁之後，你對於買到一雙打折鞋，還會感到多興奮？

玩具最多的人不會最快樂

讀過一個四歲男孩的故事：他有輛藍色的玩具車，愛死了，走到哪裡都要帶著，不時拿出來玩。後來他奶奶見他喜歡，一口氣買了十輛玩具車給他。沒想到，他卻再也不玩那些車子。「你怎麼不玩了呢？」

奶奶問：「你不是很喜歡你那輛藍色車子嗎？」

「我沒辦法喜歡這麼多車。」他回答。

就像一個小孩平日只有一個玩具，在聖誕節當天收到許多新玩具之後，以前的玩具就沒有吸引力。就算偶爾會拿出舊玩具，但所能帶來的樂趣，也不似以往獲得的滿足。

重要的是經驗的品質，而不是數量。假如你擁有十棟房子，那麼到了某個時間點，它會變成「只是房子」，而不再是「那夢想的豪宅」。隨時間過去，好事會淡去。我們習慣了好事，心中的期待就會隨之增高，容易讓人變得無感，不再覺得感謝珍惜。

小職員每天午餐只能吃便當，很羨慕大老闆常吃高檔餐廳，但是大老闆吃慣了就覺得稀鬆平常，沒什麼好快樂的。幾百萬元所能帶給大老闆的滿足，抵不上幾萬元帶給小職員的滿足。

所以，人要「節制享樂」。最早提出這種理論的是古希臘哲學家伊比鳩魯，他認為：暫時放棄享受，其實是為了提升享受的能力。去露營野炊的人應該有這樣的體驗，那裡裝備克難，炊煮不便，卻樂趣無窮。再如，當學生時，沒什麼錢，無法上高級餐廳，吃路邊攤就覺得很滿足；第一個月薪水不多卻最欣喜，後來變多了，卻再也感受不出那樣的感覺。

花錢買東西不如花時間享受生活

幸福不是有錢人的專利，而是個人的感受力。有錢可以擁有許多東西，如果視若無睹也是多餘；反過來，只要你懂得欣賞感受，一朵花、一片葉、一陣微風、一隻小瓢蟲，到處充滿驚喜，隨時隨地都在享受。

因此，多去經驗並感受生活，是我給大家的建議。還有幾個人能記得小時候早上一覺醒來展露的笑容？還記得當年單純的快樂嗎？騎著腳踏車吹著涼風、到操場盪鞦韆、去河邊釣魚戲水、在群山環繞中高歌、光著腳走在草地、帶孩子放風箏、親手做生日蛋糕、躺在草地上仰望藍天、拾起幾片落葉仔細端詳、看一本好書、三五好友相聚……。

「最美好甜蜜的日子裡都沒有什麼了不得的大事，只有一個像一串珍珠奇幻滑落的小小喜悅。」加拿大作家蒙哥馬利透過她筆下《清秀佳人》的女主角安·雪里如是說道。

這世上的房子、車子，何其多，但是你的人生只有一次。快樂不在擁有多少，而在有多享受其中。想想看，哪些事物真正讓你快樂，同時又能回味無窮？將快樂融入生活中，有快樂的生活，就有快樂的人生。

◆人們老是掛念自己沒有的東西，以為沒有的東西好像都特別值得追求，得不到的總是特別美好。這是多數人的通病。食物在聞到時比實際吃到時更香，等吃飽了，就不再覺得香氣迷人。

◆如果你覺得自己快樂越來越少，很可能不是因為缺少什麼，而是你擁有越來越多，變得越來越無感。

快樂並非一切完美，而是不糾結於不完美

假設你剛享受完一頓豐盛的晚餐，坐在一張舒服的沙發上，翻開這本書，剛好看到這個地方。此刻，你內心平靜，根本想不到有什麼問題，沒有任何不愉快。不過，如果你把視線從書本上移開，仔細環顧四周，也許你會發現以下的情況：外面聲音很吵、椅墊不夠軟、房間有點悶……。

此刻，你內心有什麼不同的感受？你本來舒服自在——就只是坐在椅子上看書，但當你有了「外面吵」「椅墊硬」或者「房間悶」上列念頭時，你體驗到什麼？原先的那份安然，已經不復存在，對嗎？

當你對自己的處境變得不滿時，你無法舒適自在。你無法在百般挑剔時還

欣賞當下，你無法在抱怨時還能享受此刻。

你無法在百般挑剔時還欣賞當下

我曾帶幾個學生參加研習，安排好宿舍後，我注意到有個學生不斷挑剔，「這裡的床好硬，棉被有點發霉，牆面到處斑駁，在角落裡，我看見一隻蜘蛛，我最討厭蜘蛛，天啊！這浴室的水龍頭都鏽了……」他的眼睛上上下下地掃瞄，嘴巴說個沒停。

我忍不住打斷，我說：「你一定經常不快樂，對嗎？」

他愣了一下，問道：「你怎麼知道？」

「因為你很會挑剔，而我從沒見過一個快樂的人是如此。」

嫌惡之心無處不在：公車上擠滿人，下雨泥濘，我們會心情變差；前面的人走路或開車太慢，惹的我們不耐；車子誤點，孩子們太吵，店員的口氣不好，火氣就上來。只要感覺有一點熱或冷，就受不了。不計其數的情形令人惱怒，奪走當下的快樂。

有人或許會回答：「是『這些事』令我們不快樂，並非我們選擇如此。」是這樣嗎？以前炎炎夏天，常聽學生抱怨：「天氣熱讓人煩躁，心情差到爆！」而現在有了空調設備，再也不用忍受夏天的炎熱。問題是：自從有冷氣之後，大家是否從此就快樂？

你無法在抱怨時還能享受此刻

還記得童年時期在夏日午後。為了戲水抓魚，常跟我弟光腳走在沒有遮蔽的大安溪河床上，沿途石頭燙腳，曬得滿臉通紅，汗流浹背，卻樂此不疲。我們也常看到夏日在海邊戲水的人群開心玩樂。那麼，到底是什麼東西阻礙我們無法得到這份快樂？

倘若我們認為，只有在某些條件下，我們才會快樂：氣候一定要宜人，環境一定要舒適，交通一定要順暢，餐點一定要好吃，生活一定要平順。當事與願違時，我們就會心生厭惡，最後演變為各種負面情緒。

冬天天氣冷，夏天天氣熱，有時突然下起傾盆大雨。事情原本就是這樣；下雨並不會帶來不快樂，除非你厭惡下雨。換句話說，喜歡雨天的人生命更加快樂，也更能適應各種環境條件。這簡單的道理在各個事情上同樣適用。

我常拿露營的例子：在那裡環境比家裡要簡陋，水源，照明都不便，睡覺的床、桌椅也沒家裡舒適，沒有電視、冰箱、沙發，空調設備，還有蚊蟲蒼蠅，或突如其來的風雨，但卻很少聽到有人不滿抱怨。怎麼回事？

快樂不代表一切都很完美，而是我們選擇了不去糾結於那些不完美。因為放下了平時要求事情的習慣，反讓我們體驗不同的樂趣。

◆每當情緒生起時，你可以檢視當下的感受。當下這一刻，你看到了什麼？你的內心發生了什麼事？你會發現，一方面你看到了發生的事，另一方面你並不想接受那個正在發生的事，對嗎？然後你的情緒就會開始受到影響，從不安、不快到發怒，情緒的強度取決於厭惡的程度。

◆現在試試看：不要厭惡排斥，放下那個念頭，心是否也平靜下來？

快樂不是符合期待，而是「沒它也行」

如果你請人幫你買奶茶，他買回來的卻是紅茶，你有什麼反應？

一、心情馬上跌到谷底。

二、責怪對方。

三、喝紅茶也可以。

如果你一定要「非奶茶不可」，當然會大失所望。因為在一開始，就認定「唯有怎樣才能快樂」，光是這個念頭就阻斷所有快樂的可能性。

世界不會照著你的想法走，你的計畫不會總按照你所安排的進行，出現在我們生命裡的人，不會凡事都順你的心；發生在我們身上的事，也不會盡如人

意，因此你必須接受事實，學習順應並調適——即使沒有奶茶，紅茶、果汁也可以，喝茶也不錯。

當你得到想要的東西，那很好；如果沒得到，也沒關係；當結果是你希望的，去享受它，如果結果不是你期望的，也要找出屬於自己的快樂方式。

在沒有那個人和那東西之前你也能快樂

記得兒子國中迷上了電玩，我跟他約定只有假日才能玩，他欣然同意。沒料到後來玩上癮，過了假日沒電玩就變得很沮喪。

「你覺得是什麼原因，讓你現在不開心？」

「因為沒電玩吧！」他回答。

「以前沒電玩也過得好好的，為什麼現在沒打電玩就變得不開心？」我要他靜下來思考這件事情：「你的問題在於『唯有打電玩才開心』，對嗎？」

常聽過很多人說：「只要得到某東西，我就會快樂。」或「只要能跟某人在一起，我就會快樂。」這表示什麼？若少了「那個人」或「那東西」就很難快樂。

事實上，你「想要」跟某人在一起，但是你「不需要」因為跟他在一起，才會快樂。你「想要」某個東西，但是你「不需要」得到那個東西，才會快樂。因為在沒有那個人和那東西之前你也能快樂。

許多人應該玩過「大風吹遊戲」，每個人繞著排成一圈的椅子走，當音樂停止的時候，大家必須搶一張空椅子坐下來。如果我們在玩遊戲的時候，發現離自己最近的椅子被別人搶走了，必定會趕快四下搜尋，找另一張空椅子，而不是動也不動，為那張自己想要的椅子被別人搶走而懊惱沮喪。

有時候人之所以不快樂，是把自己的心思放在一張特定的椅子上。也許我們想獲得某個職位、想得到某個獎、想要某份工作，或執著於某段感情，某個偏好。試想，當你喜歡某東西，若沒得到就不快樂，那麼帶給你不快樂的不就

是這東西嗎？

人生不是非A即B，而是A、B可以同時並存

想活得快樂，不是要滿足想要的東西，而是要讓自己「沒它也行」。人生不是非A即B，而是A、B可以同時並存，甚至A、B都沒了，也可能發現C或D。

有一回，因為聽了朋友的提議，興沖沖的跑到奧萬大森林遊樂區，準備好好享受浪漫的櫻花之旅，到了現場才知道花期已過，只剩下零零落落幾朵，「大老遠跑來這裡，真是掃興！」

事後回想，難得到山裡踏青爬步道，還有落羽松、瀑布、賞鳥、天梯吊橋，何必因少了櫻花就變得好像白來一趟？

快樂不是從你想獲得什麼而來，是來自於「有什麼就享受什麼」。我喜歡偶爾喝杯紅酒，每到週末晚餐過後習慣來一杯，我每每都覺得這是人生一大享受。但是我並不會因為沒喝到就覺得難過。

是的，關鍵就在這裡。如果紅酒從地球上消失，我的快樂享受也從此消失嗎？當然不會。因為我知道世界上還有成千上萬種值得享受的事物。

◆情人節沒收到花，誰最失望？
——唯有「收到花」才快樂的人。

◆觀看日出的遊客，誰最失落？
——唯有「看見日出」才快樂的人。

◆記住，我們無需等到事事如意，才享受人生。不管別人關不關心，都要活得開心；即使得不到期待的升遷，沒得到渴望的禮物；沒看到日出，沒趕上燦爛的花海，也要好好享受那一刻。

不知足，就不可能滿足

很多人常常抱怨自己的生活不夠完美、家庭不夠富裕，房子不夠大、薪資不夠高、身材不夠好、衣服不夠潮、伴侶不夠好……然而，這真的是我們不快樂的根源嗎？還是一顆不知足的心呢？我們應該好好思考。

同樣是上班族，一位因遲遲沒升遷而抱怨，另一位覺得自己工作穩定又有保障；你認為其中哪位比較滿足？答案應該一目了然。

快樂與否不在擁有什麼，而在「你有些什麼樣的欲求」。有人吃小麵攤就覺得享受，有人滿桌子菜還挑三揀四；有人每月幾萬塊就很夠用，有人每月數十萬元還不夠花。

正所謂「不知足者，富亦憂；知足者，貧亦樂」。一個人會不滿，不是因為他少了什麼，而是因為他不知足，欲望一多，煩惱就多。富足的人，並非擁有多大財富，而是對物質欲望小，內心越知足就越能感到幸福滿足。

更多欲望的產生，就意謂有更多的不滿

年輕時，我曾覺得自己很窮，因為我常買不起我想要的東西。想買機車沒錢，想買新鞋沒錢，想買吉他錢又不夠……那陣子過得真的很鬱悶。後來我注意到每天生活在一起的姐弟並沒同樣煩惱，才領悟到：我之所以窮，是因自己的貪欲。

沒錢並不窮，但當有了欲求就是。即使年薪百萬，但當我們渴望像別人開超跑、住豪宅、買各式名牌包，我們就是個窮人。我們的窮並不是因為別人有我們沒有，而是我們的心總是駐留在自己欠缺的和負擔不起的東西上。

不要妄想用外在的物質滿足欲望，一個欲望的滿足，往往象徵更多欲望的滋生。有一首打油詩描述很貼切：「終日忙忙只為飢，才得飽來便思衣，衣食兩般俱豐足，又想嬌容美貌妻。娶下嬌妻並美妾，出入無轎少馬騎。騾馬成群轎已備，田園不廣用難支。買得田園千萬頃，想無官職被人欺。六品七品猶嫌小，三品四品又嫌低……。」

哲學家叔本華是個明白人，他說：「當我的貪欲得不到滿足時，便會產生煩惱與悲苦；但一個欲望滿足後，第二個欲望又隨之而生。人的貪欲無窮無盡的，我們永遠陷落在一個貪欲苦惱迷失的深坑中。」

很多人說：「等我賺夠錢，我就如何如何……」問題就在於什麼時候能賺夠？多少才算夠？而且等你有夠多錢，想要的東西必然也不同。那就是為什麼亞歷山大、希特勒、洛克菲勒，這些全世界最有錢和最有權利的人也都感慨過：自己不快樂。因為總會有些東西是沒有的。

問題不在讓自己滿足，而在減少你的欲望

如果你有一桶水，你可以用來泡茶，刷牙、洗臉、澆花；但你不可能又要洗車，又想泡湯，甚至灌溉整座花園，那是不可能的。今天許多人覺得錢不夠用，都認為是錢賺太少，這其實只答對一半，真正的原因是想要的太多。

別再一天到晚想要這想要那個，你知道「想要」的本質，是一種狀態嗎？你越是想要，那你越是處在欠缺的狀態，而不是真實地擁有。

譬如，你去參觀一棟房子，為它的美麗感到驚艷，然後你就想要，想像自己擁有的美好。於是當你下了一個決心，把那棟房子作為一個成就的目標，開始努力——加長工作時間，增加銷售業績、收入的數字，不再欣賞周遭美景，沒時間探望父母，沒空陪孩子，甚至失去內心的平靜。簡言之，當你欲求某個東西時，也就放棄了當下便能擁有的滿足。

有一首詩：「高坡平頂上，盡是採樵翁；人人各懷刀斧意，未見山花映水

紅。」樵夫為什麼無法欣賞映水紅的山花呢？因為他一心想找到好木材，對水邊的山花就視而不見。

我認識不少這樣的人，雖擁有氣派的景觀豪宅，卻成天在外賺錢；收藏了各種名畫、古董，沒有一件看得懂；明明陪伴在身邊的人已不錯，心裡仍想著別人；有頂級的廚房，櫥櫃和流理台一應俱全，卻天天外食。這跟沒有有何差別？

◆ 我們總是想擁有更多，卻很少思考：「擁有之後，我就會幸福嗎？」

◆ 每當心中生起欲望的時候，問自己：「我確定擁有那樣東西之後，我就會滿足嗎？」假如你還是想要，推想一下擁有那樣東西之後。比如，一個月或一年後，會覺得如何？會一直快樂滿足嗎？

◆ 知道了答案，可以幫助我們放下欲望。

生活是自己的，何必跟別人比？

人總愛攀比：比外貌、比穿戴、比學歷、比名氣、比職位、比財富，比孩子成績、比誰的條件更好。「你看看，誰家的孩子考上名校」、「某同事升遷了」、「某朋友嫁好老公，可以不用上班，整天穿美美……」當我們看到誰超過自己，獲得更多、看上去更好、生活更優越時，心裡就有種挫敗、失落，甚至從羨慕轉化成嫉恨。

我們都多半有過類似經驗：以便宜價錢買到商品，覺得很滿意，但在得知有人優惠更多，心裡就不舒服；收到了二千元獎金，覺得很開心，可是當發現同事發了五千元，一下子就掉到谷底。「憑什麼？為什麼他比較多？」在跟人比較之前，我們是如此的開心滿意，卻因攀比變了調。愛跟人比較，也開始變得愛計較。

別人的幸福能奪走我們的快樂嗎？當然不能。但是攀比心理就是不甘人後，「見不得人家好」。當人想要的不是幸福，而是比別人更幸福時，幸福就遠離了。

人們互相羨慕，只因爲他們都不了解彼此的苦

在網路讀過一則故事，翠波鳥體長不過五六厘米，奇特的是，牠築的巢穴卻是體長的幾倍，甚至十幾倍。為了解開這個謎，一名動物學者做了實驗：把一隻翠波鳥放在籠子裡觀察牠的築巢過程，這隻翠波鳥只築了一個能容下自己身體大小的巢穴，便停止築巢。當他把兩隻翠波鳥放在一個籠子裡時，兩隻鳥竟攀比築巢，越築越大，不久其中一隻鳥因勞累過度而疲勞死，而另一隻鳥

就停止築巢。

當又有鳥放入籠子裡時，情況依舊，兩隻鳥不停地忙碌築巢，結果以累死告終。這時他才明白，翠波鳥的死都是因為攀比造成的。

所謂「人比人，氣死人」。住進高級社區裡的人，生活品味提升，照理說應該很滿意，沒料一山還有一山高，生活滿意度反而下降。

我知道，不去與他人比較，很難，但在比較之前必須先有正確的認知。人總是看到表面，別人艱辛的一面是看不到的。每個成功都是時間與考驗的堆疊，而成就越大背後付出的代價越高，同時要承擔更多的責任和風險。你所羨慕的一切，背後都藏著不為人知的心酸苦楚；看到的光鮮亮麗，很多都只是表相。

其次，人都愛面子，公開分享的大多是自己風光的一面。社群媒體，大家看那些有趣和幸福照片，曬美食、曬旅遊、曬聚會、曬恩愛，真實情況很可能是，夫妻不合，家庭疏離，有債務壓力，擔心工作不保，在家孤單無聊。那些

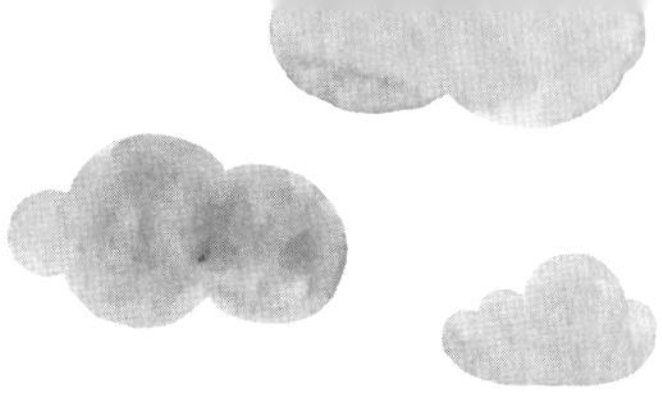

曬出來的美好，只是別人想讓我們看見的美好。想想自己吧，不也在曬著自己的美好，而你的朋友很可能也在羨慕著你。

聽過一段採訪，有位事業有成的女強人這麼說：「每次工作得很累，很氣，很不想上班時，我就很羨慕家庭主婦，我覺得家庭主婦真是太幸福了，她們能夠讓男人心悅誠服的供她吃，供她住，願意無怨無悔的為她付出⋯⋯。」

她哪知家庭主婦的辛酸累。每天生活在鍋碗瓢盆之中，照顧孩子吃喝拉撒睡。除了家庭，一無所有，沒有自己的朋友，沒有屬於自己一個人的生活，沒錢伸手還被瞧不起。

生活如人飲水，冷暖自知。「麻雀羨慕著金絲雀衣食無憂，殊不知，金絲雀也羨慕麻雀可以任意遨遊。」家家有本難念的經，每個人都有每個人的困頓之處。這世界從來就沒有什麼萬事如意，沒有人生是完美無缺的，人們互相羨慕，只因為他們都不了解彼此的苦。

別人的生活再精彩再美好也是別人的

如果你是魚，就不要想像鳥一樣在天空中翱翔。不要拿別人的人生來衡量自己，不要拿別人的標準來折磨自己，別人的生活再精彩美好也是別人的，羨慕或嫉妒都沒有意義，因為你不可能變成另一個人，更不可能過他的人生。

別人的人生也未必適合你。與其盯著別人的生活，不如好好經營享受自己的人生。與其羨慕別人的美好，還不如努力把自己活成你羨慕的樣子。

停止無聊的比較，每個人都是獨一無二，都是這麼不一樣。你書讀的很好，我的人緣很好。他的先生事業很大，很有錢；我的先生很顧家，還有兩個很可愛的孩子。當你羨慕某人名利雙收，也許他正羨慕你幸福美滿呢。重要的是接受自己，認同自己現在這個樣子，才開始懂得欣賞自己。珍惜自己擁有的，才會發現屬於自己的幸福。生活是自己的，有什麼好比？

◆ 比較是沒有意義的。無論你有多好，總有人比你好。無論你多差，也有人比你更差。如果真的要比，就和自己比。

◆ 不要求自己比別人成功，只要比昨天的自己出色一點，比昨天的自己成長和收獲一點。你就已經離成功更近一步。

◆ 不要求自己贏過別人，只要這次的你比上次強，現在的你比過去好，下回的你比上回進步。你就已經超越了自己。

◆ 我們只需要做一個更好的自己，不需要比誰都好。

貢獻自我

讓你的存在，成為別人的祝福

十瓦的燈泡，發不出一百瓦的光

不知多少次，畢業典禮的來賓致詞一再聽到要「追隨自己的熱情」，這句話也充斥在各個地方，從勵志演講到廣告詞，以及眾多成功人士的格言。

賈伯斯在史丹佛大學畢業典禮的演講，要大家一定要找到自己的熱情所在，不要勉強遷就。日本經營之神松下幸之助也說，「熱情大過於才幹」；大文豪愛默生說得更直接，「沒有熱情，就別想完成任何偉大的事」。

我完全贊同，只是希望提醒在追尋熱情的同時，能夠兼顧現實。因為絕大多數人沒辦法把喜愛和興趣，作為自己的工作。如果我們以為熱情是有興趣的，對某件事物若沒有興趣，就沒有熱情。結果，我們可能一再換工作，以找尋那份點燃心中熱情的工作；或是寄望新工作，卻很快又感到失望。

當然，這並不代表我們必須忍受沒熱情的工作，而是要認真在工作中找到熱情。喜愛的工作，未必會成功；但絕大多數的成功者，都是選擇了投入自己熱情，全力以赴，讓自己樂在學習，樂在其中。

關鍵不在你做什麼，在於你用什麼心態去做

要如何找到熱情？簡單說，就是找到一種心所嚮往的渴望，找到一種使命感和成就感。一則大家所熟悉的老故事：「三個砌磚工人」當被問到「你在做什麼呢？」時，各個工人分別如此回答：

第一個工人說：「我在堆磚頭。」

第二個工人說：「我在賺錢啊。」

第三個工人開朗地抬起頭說：「我在建造將流傳後世的大教堂！」

即便是從事相同的工作，找到自我價值，投入的熱情也會截然不同。

許多人做一行怨一行，總是感到茫然與倦怠，根源並非錢太少、職位低或工作苦悶，而是對工作沒認同感，沒使命感。你要找到自己能帶給這個世界的價值是什麼？你能為別人解決的問題是什麼？你的工作、產品或服務如何讓大家的生活變更美好？

你並不是為了錢而工作，而是為了某種理念而做。你賣的不只是商品，不只是勞力和時間，而是賣你的服務，賣信念、賣創意、賣快樂，賣一種比工作本身更重要的價值和意義。如果你能找到，就能活出熱情。就像許多志工，去做不支薪的服務工作，不計較時間、代價、體力的付出，還做得滿心歡喜。

世上沒有不重要的事，我們做的任何事都可以變得重要。一個清潔工人可以認為自己在做一份沉悶乏味的工作，只是打掃垃圾，而且要許多小時才能結束。反過來，他也可以認為自己是在做環保，是在做功德，他是在潔淨城市，美化世界。

先把熱情表現出來，才感受到熱情

熱情並非工作本身提供的，而是我們投入多少心力及品質於其中。如果你不愛你做的事，你不會帶著熱情去做它，也就提不起勁；若是你的內心充滿熱情，會讓你感到開心、興奮，成為一股支撐你向前邁進，克服任何困境的動力。

想起《小王子》書中的一句話，狐狸對小王子說，「你在玫瑰身上所花費的時間，讓你的玫瑰花變得如此重要。」你的工作或許很平常，是你竭盡所能才變得如此重要；是你很看重才變得有價值。

你喜愛的人或許並不獨特，是你投注的心力使得他們顯得無比重要。你聽到的談話也許不稀奇，是你展現高度興趣並用心聆聽變得精彩。

今天和其他日子並無不同，是你把日常過得有趣才變得有味道。眼前這一刻和其他時刻大同小異，是你特別用心去看待，此時此刻才顯得美好珍貴。

你做的事或許平凡不起眼，是熱情讓你如獲新生，工作有動力，生活充滿活力。是你竭盡所能才成就不凡。

◆ 潮濕的火柴無法點火。十瓦的燈泡，發不出一百瓦的光。

◆ 先把熱情表現出來，才感受到熱情。從現在起，無論你想做什麼，帶著熱情去做，讓你走路、說話、行動都充滿著朝氣；讓周遭的每個人都感受你的活力。深吸一口氣，抬起頭挺起胸，展露你的笑容。就這樣，很快你會發現一切都改觀，不管是你的工作、生活、關係，都感受到熱情。

不怕被利用，只怕自己沒用

一直以來，人們都厭惡被利用，怕吃虧，斤斤計較付出的多寡。卻很少思考，若沒人要利用你代表什麼？只說明你身邊的人都比你優秀，比你有能力，或是你在別人眼裡毫無價值，可有可無。

每個人都希望自己被看重和肯定，期待自己是個「有用」的人。如果無法發揮內在價值，不被需要了，會覺得自己被忽略或輕視，必定日漸消沈，陷入空虛、落寞、沮喪鬱悶。

美國心理學家們為了調查犯罪、吸毒的人的心理傾向，到監獄訪問。結果多數犯人都覺得「這個世界沒有屬於自己的容身之處」或「自己不被需要」。

可見，當人一文不值的時候，甚至會自暴自棄，自甘墮落。

存在是因爲你創造價值，淘汰是因爲你失去價值

「要創造自己被利用的價值」這句話大家都不陌生。很多人覺得「利用」這兩個字好像很不好，很現實；其實更現實的是，如果你不具備任何的價值，誰也無法利用你。

社會本來就是互惠互利。你利他，在需要的時候，對方也會提供他的資源，互相幫忙，結果是雙方都受惠。如果一個情感只有單向付出，關係就難以維持；如果一個產品沒有購買價值的話，客戶就會流失，企業就會關門。如果你在做的事情，不能為世界創造更多的價值，或找不到任何一點價值，人生就難有價值。

在職場中更是如此，你會被公司錄用是因為你有可利用的價值，或是能創

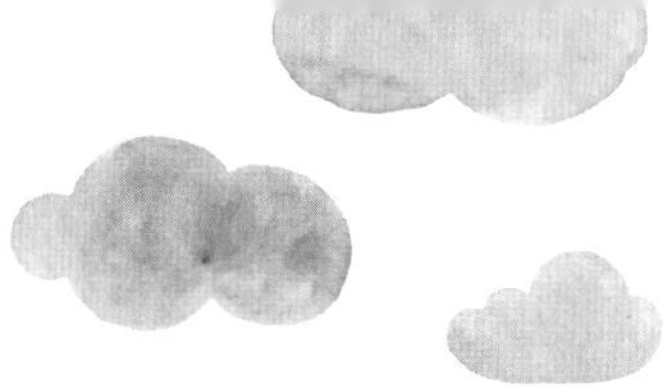

造價值，當有一天你不再被公司需要，被資遣、開除。很抱歉，你已經沒有可利用的價值了。反之，如果讓那些利用過你的人覺得你很好用，當然必受重用。

有一個公司老闆聘用了一個年輕人做自己的司機，年輕人只領取屬於自己的那部分酬金。而可貴的是，這年輕人常主動為老闆分勞，處理公司的問題。這麼一來，他對公司的一些業務也瞭解了很多。

漸漸地，如果老闆有事情脫不開身時，就讓他代為處理。他還在下班後回到辦公室幫忙，不計報酬地做一些並非自己份內的工作，而且越做越好。

有一天，公司負責行政的經理因故辭職，老闆自然而然地想到了他。在沒有得到這個職位之前已經身在其位了，這正是他獲得這個職位的原因。

如果不是你的工作，而你做了，也許就成了你的機會；如果不是你的責任，你扛起了，也許就有機會擔負更重要的職位；如果不是你的服務對象，你去服務，服務的對象就會變多；服務的對象越多，成就必然越大。

所以，每個成功者都在思考，如何增加自己服務的人數，如何創造被利用的價值。

人的價值，不是從別人那得到什麼，而是可以給別人什麼

想想，你為什麼讀這麼多書？為什麼要花時間和金錢去學習，提升競爭力？為的是在創造自己有被利用的價值。不是嗎？

「擁有」是人類最原始的慾望之一。但是，鮮有人思及，所擁有的又帶給別人什麼呢？如果沒有付出與分享的對象，你的存在有什麼價值？如果沒有人需要你，這世上有你沒你，有什麼不同？

法國作家蒙田說過：「對別人毫無價值的人，其本身也不具意義。」沒有人是沒價值的，除非是你把自己變得沒有價值。如果你擁有才華的話，運用你的才華；你擁有時間的話，利用你的時間；如果你覺得孤單，去看看誰有需要，當你被需要，絕不會寂寞孤立。當你煩惱時，去幫助痛苦的人，你也走出

難關。就算失業、找不到工作，你也可以做義工，累積工作經驗，拓展人脈，對社會有所貢獻，還可以把心得寫進履歷中。

有位醫學前輩曾有感而發：「很多人勸我不要看那麼多病人，但其實不是病人需要我，而是我需要病人才對，病人喜歡我、需要我，我會覺得自己很有用。」這是真的，人最大的需要就是被需要。

所以，當有人要利用時，應該心存感恩，感謝對方看重你，感謝對方讓你看見自己價值，活出生命的意義。

◆不論你是否能說出世界百大富豪的名字，或是各項奧運冠軍、奧斯卡或諾貝爾獎得主，我相信你一定記得曾經幫助過你的貴人，一直在身邊支持和關愛你的朋友，或是對最好的人。

◆這下你應該明白，對所有的生命而言，究竟哪一種人有意義，會在心裡留下價值了。

凡你想給予自己的經驗，就給予別人

人與人交往只有兩個基本問題：

一、我能給別人什麼？

二、我想給自己什麼？

兩個順序絕對不能顛倒，這很重要，因為你給別人什麼，就是給自己的。當我們對人微笑，他們也會報以微笑；常讚美他人，也會收到他人的讚美；當我們對他人出言不遜，對方也會惡言相向；當我們冷落他們，他們會掉頭離去。

我們給出去的，都會回到自己身上。如果我們以負面的態度對人，那人也會以負面的態度對我們，反之，如果我們以正面態度對人，別人自然也會以正面回應。聽起來太簡單了？的確，不過事實就是這麼簡單。

有些人認為一段關係的好壞都是對方造成的，「誰對我好，我就會對他好」、「除非對方先付出，我才要付出。」然而人生不是那麼一回事。你不可能站在火爐前，說道：「火爐，先給我多一點溫暖，我才給你加點木柴。」對吧！如果你想受歡迎，得到認可和支持，你常會失望。現在反過來，先給別人認可和支持，你將受到歡迎。道理很簡單，不是嗎？

擁有並不是我們得到的東西，而是我們給予的東西

「你想要什麼，必須先給出」。想別人怎麼對你，就怎麼對待別人。想交到真心朋友，先對朋友真心；想找到伴侶，先成為自己想要的伴侶；想擁有愛，先給予愛。你愛的越多，就越討人喜歡；你愛的越少，越要求別人愛，就

越惹人厭。

想要美好的夫妻關係，先去欣賞肯定伴侶，對方變自信，表現出個性的優點，就會更喜歡自己，而一個喜歡自己的人，就會與人相處融洽，也會變得和善體貼。如果你一直否定怪罪伴侶，所得到的結果正好相反，因為責罵時使對方討厭自己，自尊心降低，感到憤怒不悅，於是開始反抗，關係就這樣惡性循環。

永遠記得這點：你心裡最想要的，就是你最需要付出的。如果你想獲利，不要以賺錢為目標，而是把品質和服務做好，只要善待顧客，他們再度光臨的機會就會增加。如果你想改善待遇，獲得升遷，不要問老闆為你做什麼，而是問自己：「我可以為我的職務貢獻什麼？」當你開始轉換工作態度，變得積極主動，所承擔的越大，將被賦予更多的機會擔當大任。

給別人帶來陽光的人，自己也會享有陽光

別尋求成為任何東西的收受者，要成為其源頭。不論你希望在人生中體驗到什麼，先讓其他人在他們的生命中體驗到這些。真心誠意對別人說出讚美、鼓勵的話，人們就會照著你的話去做。說說他的努力和貢獻，肯定他的價值和付出，那些行為就會一再出現。

多關愛別人，安慰低潮的朋友，不要覺得這樣做不值得。想像一下，當你抱著一個嬰兒，是誰在散發溫暖，又是誰在接受溫暖？給別人帶來陽光的人，自己也會享有陽光。樂於助人，與人分享你擁有的東西，不要心存你是給別人「好處」的想法，因為你也是受益者，是他們讓你感到自己的富足與幸福。

海倫．萊斯（Helen S．Rice）的詩句：

付出的愛越多，得到的越多，

美好的人生，體貼的朋友，

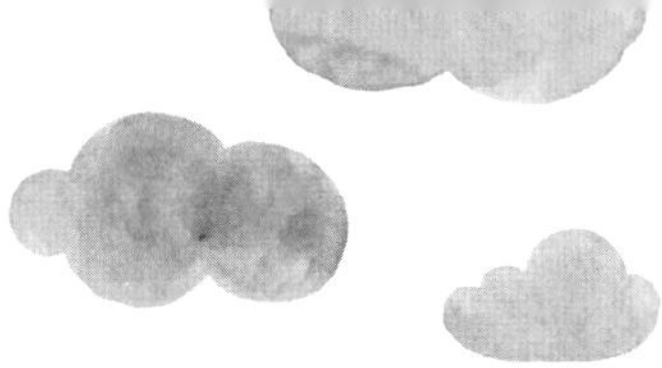

就是我們所付出的，
豐富我們每一天的生活。

先伸出你的手。別人的手在哪裡，你不知道，但自己的手在哪裡，你是知道的。想在自己的人生有所收穫，你就必須在他人的生命中播種。分享喜悅，散播快樂，你成了喜悅快樂的人。給別人散播花香的人，自己也會沾上一縷花香。

◆ 你不希望給自己的，就不要給別人。不論你傷害誰，就長遠來看，你都會傷害到你自己，或許你現在並沒有覺知，但它一定會繞回來。

◆ 凡你對別人所做的，就是對自己所做的。麵粉店老闆經常用麵粉跟饅頭店換饅頭，他抱怨饅頭重量比從前輕了許多，饅頭店老闆說：「那是因為你給我的麵粉少了。」所有你給出去的，都會回到自己身上。

成為你想看到的改變

有太多的人都想去改變這個世界，我們想改變另一半、自己的親人、兒女、甚至他人，想改變團隊、社區、社會、國家，但願意改變自己的人卻少之又少。我們的世界是由無數個你所構成，試想，如果每個人都不改變，這世界能有多大改變？

在英國威斯特敏斯特教堂的一個墓碑上，刻著這樣的話：

當我年輕時，我夢想改變這個世界。

當我成熟以後，我發現我無法改變這個世界，我將目光縮短了些，決定改變我的國家。

當我進入暮年以後，我發現我不能夠改變我的國家，我的最後願望僅僅是改變一下我的家庭。但是，這也不可能。

當我現在躺在床上，行將就木時，我突然意識到：

如果一開始我僅僅去改變我自己，然後，作為一個榜樣，我可能改變我的家庭；在家人的幫助和鼓勵下，我可能能為國家做一些事情；然後，誰知道呢？我甚至可能改變這個世界。

用你的笑容改變世界，別讓這世界改變了你的笑容

在世界上發生了任何改變，總是從個人的改變開始。如果你想要一個更和平的世界，先讓自己的內在更和諧平靜；如果你想要世界上有更多好人，不必浪費時間爭論好人應該是什麼樣子，去當個好人就是了。如果你想改變人，不要試圖去說教，要成為良好的典範；只有自己過得好的人，活出他人想傚法的

樣子，才有能力去說服與祝福另一個人。

別妄想家人會先改變，不可能的。唯有在自己轉變之後，才可能啟發對方轉變。你先改變態度，改變說話方式；劇本改變，關係也就改變了。期待孩子有好教養，平日在家中就常把「請、謝謝、對不起」掛在嘴上，自然教出溫文有禮的孩子；在謙遜、尊重、禮貌的家庭中長大，耳濡目染中變成有教養的人。

如果你希望世界上多一點笑臉，那就先對人微笑。有位婦人告訴我，她親身的經歷：「我曾因身體病痛十分消沉，抑鬱寡歡。後來身體每況愈下，接著婚姻出問題。更糟的是，我已把這種負面想法傳給女兒。不用說，一家愁雲慘霧。這給我很大的教訓。

於是，我下定決心，我要開始給人正面能量。然後我發現，走在路上的時候，如果看見別人對我微笑，心情就會越好。所以我也決定，我要對別人微笑、對世界微笑！每天一早起床我就笑，我對家人笑，在銀行、在路上、在上班都點頭微笑，一開始大家都覺得奇怪，但是久了之後，他們也開始對我微笑了！」

如果你想要清掃全世界，就先從清掃自家開始

情緒是會傳染的，行為也是會傳染的，你周遭的人笑了，你可能會跟一起笑；如果大家心情沮喪，你也很難高興起來。當你的環境潔淨，其他人不好意思弄髒；到處都髒亂，別人也會亂丟垃圾。有句諺語說：「如果你想要清掃全世界，就先從清掃自家開始。」就是這個意思，當每個人都把自家打掃乾淨，世界就乾淨了。

我們每一個人都有無限的影響力，都有力量可以改變世界，所以我們要認真思考「我要產生什麼樣的影響？」

美國著名的政治家富蘭克林住在費城時，他覺得這個城市需要街燈，可是他了解與其費盡唇舌去與反對的人爭辯，還不如用實際的行動去說服他們。於是他在自家門口掛了一個很漂亮的燈籠，吸引了來往行人的目光。

過了沒多久，富蘭克林的鄰居也開始在自己家門口懸掛燈籠。又過沒多

久，費城的市民開始討論準備裝設街燈。

名作家保羅・科爾賀（Paulo Coelho）這麼寫著，「這世界會因你樹立的典範而改變，而不是因你的意見。」這也是我想傳達的。每個人都希望這個世界可以多一點愛、多一點良善、多一點好人，但你想過「為什麼那個人不是你」？當你心中有所期待，為什麼不願意自己站出來成為那個「改變」呢？

◆只要你開始參與，現在就可以改變世界。你可以藉由很小的善舉：幫助行動不便的老人，指引迷路的陌生人，到慈善機構當義工，去公園撿拾垃圾，探訪老人家並傾聽他們述說往事。寫一張鼓勵的字條給感到灰心沮喪的人，對清潔人員微笑，感謝他們的辛勞。

◆一個微笑，能給別人帶來愉悅；一個關愛的眼神，就能給人帶來希望；一個關懷的舉動，就能讓人得到撫慰；一個激勵的話語，甚至能讓一個人起死回生。不要小看你的善行，一點一滴的水珠也能匯集成河。

我們最後都會成為心裡所想的那個人

看過一則很有意思的廣告。

小時候，爸爸總是在工作，我的活動，他卻總是缺席。

那天，一個人出現了，陪我釣魚，陪我玩球，還幫我修搖控車，我一直想知道，小時候陪伴我的那個人究竟是誰。

現在，我終於明白，他是我想成為的爸爸。

就像這則廣告一樣，你是否曾夢想成為某人？你心目中的英雄是誰？偶像是誰？最想模仿又是誰？你所傾慕的對象，推崇的典範，映照出你真實的渴望，代表你想變成的樣子。當時的榜樣必定成為了你的一部分，對嗎？

金融鉅子華倫·巴菲特說，「如果知道一個人的榜樣是誰，就能判斷那個人未來會如何，因為他所景仰的榜樣所具有的特質，就是他可以學習的習慣行為。同樣，他也可以選擇捨棄那些不景仰的人的特質。」

人的言行舉止一旦像某人，就會逐漸變成這種人

在成長的過程中，有一個「我想要成為這樣的人」的榜樣很重要。

首先，選擇能夠真正激發你的人。也許他們的夢想和你的夢想極為相似，也許他們曾遭遇跟你一樣困難而今已經克服，把他們當作你的榜樣。盡可能學習他們如何在艱困狀態下保持前進，以及他們是如何戰勝險阻實現夢想。

如果沒有的話，你可以在你認識的人當中，或者從書本、媒體及其他來源中找到優秀傑出的人。仿效他們的個人特質、信念、觀點、溝通技巧，或待人處事，面對問題的態度等等。不要只看見別人做什麼而做什麼，那只模仿到表

面，你要仿效他們的思言行，才會讓你開始像他們一樣。

相反，如果你不想成為那樣的人，就要時時警惕。很多人可能有這樣的感受，小時候很討厭大人的那種樣子，現實勢利、虛偽做作、奸滑狡詐、表裡不一、敷衍了事，但在不知不覺中，成為了自己小時候所厭惡的那種大人。曾經我們批判、鄙視無良的商人、沒擔當的主管、阿諛奉承的部屬、自私自利的行事者、羞辱學生的老師、缺席的父親、情緒化的母親、難搞的婆婆，但後來的自己也變成厭惡的這種人。

很喜歡英國小說家狄更斯的作品《小氣財神》，故事講的是一位本性善良，受環境影響，變得吝嗇、貪婪、刻薄的商人。他在平安夜被三個精靈分別帶到了自己過去、現在和未來的生活場景。過去的幽靈帶著他見證了從無邪少年逐漸墮落的過程；現在的幽靈引領他看了不同家庭幸福與窮困的樣子，而在過程中他聽到了親人在背後怎麼評論他；而未來之幽靈，則把他帶到未來自己的墳墓前，孤獨地死去是他貪婪、自私一生的痛苦終結，他因此徹底醒悟。

值得借鏡。

我們最後都會變成自己想像的那樣

你如今的模樣是你向來的樣子，而你未來的樣子則是你現在所做的一切。人生每個階段，都應該回過頭來看看自己。前陣子，我跟一位經常缺課，表現散漫的學生談。他把問題歸咎於父母離異所帶來的轉變。「我父親從沒照顧過我們，」他告訴我：「他完全沒有盡到父親和丈夫的責任。」

「你希望像你父親嗎？」我問。

「才不要，」他說：「他是個不負責的爛人。」

「所以你希望跟他不一樣？」我說。

「當然。」他回答。

「那你現在是負責任的人嗎？」我告訴他，「你要對自己負責，讓自己快

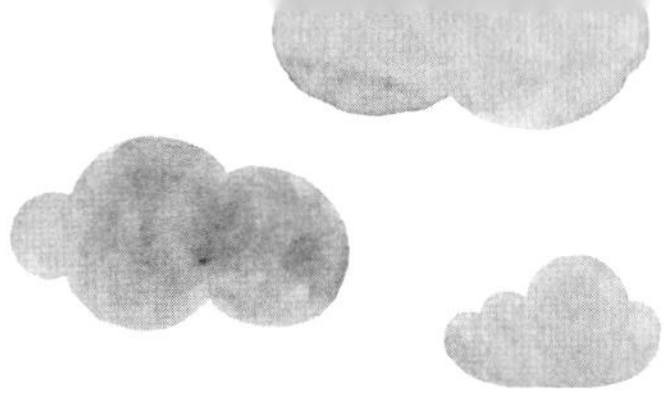

速成長，只有自己強大起來了，然後才可以保護想保護的人。」

人往往變成他心裡所想的那個人，我們最後都會變成自己想像的那樣。

我母親講過一段讓我難忘的話。「我常在想，以後我也會是人家的婆婆，我要成為怎樣的婆婆？」嫁來婆家受虐的她，每天過的膽戰心驚，天天看人臉色，最大的願望是一家幸福和樂，「我絕對不會讓媳婦受到同樣對待。」這個信念支持著她要成為一個好婆婆。

一個人越清楚自己要成為什麼樣的人，就越清楚該做什麼樣的事。

我是當了爸爸後，才清楚自己想成為什麼樣的人。慶幸自己做到了陪伴孩子長大，良好親子互動，夫妻互相尊重且感情融洽，不斷自省改過錯誤的言行，期許孩子將來長大後能以「我想成為這樣的爸爸」，拿我當榜樣。

◆ 人格特質並不是天生的，而是選出一個自己喜歡的特質，扮演那樣的人，直到理想中的自己成為真實的自己。

◆ 你不斷展現正義的行為，所以變成有正義的人；你不斷展現溫暖，所以變成有溫暖的人；你不斷表現正直，堅持你認為正確的事，不違背自己的原則，所以成了正直的人。

◆ 如果你想成為真誠、有氣度、值得信賴的人，直接從成為真誠、有氣度、值得信賴的人開始，直接活出你想要的樣子，你就成了自己理想中的人。

讓這世界因你的存在而變得更好

一句記憶中最美好的話，深藏我心：「出生的時候，你哭，這個世界因你而喜悅；請你好好過這一生，希望你離開的時候，世界為你而哭，但你心中感到喜悅。」我們大多數人鎮日汲汲營營，忙忙碌碌，投注於所謂的謀生之中，很多人早就忘了活著所為何來，活著的意義究竟是什麼？

讓我們聽聽《花婆婆》的故事。有一位爺爺，總是在夕陽餘暉中，牽著可愛孫女的小手，漫步在山邊水涯間，他一次又一次的叮囑：「長大後，要做一件讓世界變得更美麗的事情哦！」

女孩總是仰著小臉，認真地答道：「好的。」可是，隨著日子一天天的長大，然後慢慢變老了，爺爺早已離開身邊，她還是經常愣愣的望著大海想呀想的：這世界已經夠美了，我還能做什麼美麗的事情呢？

她住在海邊的一間小房子裡，房子的四周種滿了她最喜歡的羽扇花，那是一種紫色、藍色、粉紅色的穗狀花朵，風一吹，它就會輕輕地搖擺著，非常美麗。有一天，她散步到一處山坡上，發現那兒也開滿了羽扇花，突然，她想到一個讓世界變得更美麗的方法。

她買了好多好多的花種子，每天散步的時候，她就順手在這裡撒一點，那裡撒一點，村子裡的人看到了，都取笑她是個瘋婆子。

第二年春天，那些撒出去的種子，居然在同一時間如火如荼地盛開了，粉紅色、紫色、藍色的羽扇花，一片奼紫嫣紅，把整個村子點綴得美極了。

從此，人們不再取笑她是個瘋婆子，反而親切地喊她一聲：「花婆婆」。

花婆婆實現了爺爺的願望，她也一樣對那些繞在身邊的小孩說：「長大後，要記得做一件讓世界變得更美麗的事情……。」

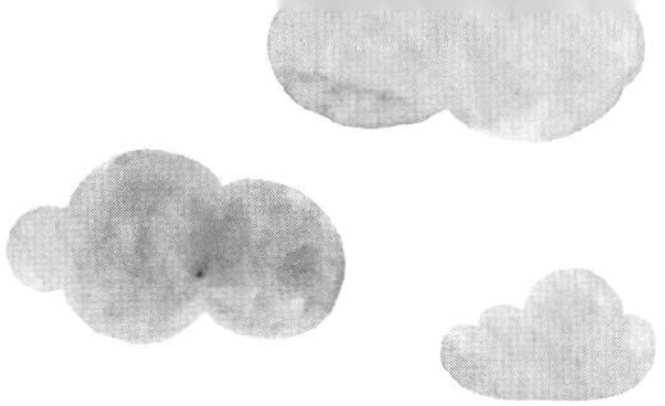

存在感不是受廣泛關注，而是存在人心中

活在這世上的每個人，都有屬於自己的存在意義，而人生的真義就是去尋找自己獨一無二的價值。

許多人以為要賺很多錢，要爬到很高的位階，要擁有才華、能力、成就。其實，貧富貴賤只是生活形式上的差別，並不代表自我價值；成就名聲只是社會的評價，也不能衡量自我價值。就算有再多才華、能力、成就，若對他人沒貢獻，也等於沒價值。

我們周遭很多人喜歡刷存在感。比如在各種社交平台上曬圖、曬影片，發布自己實時狀態，討拍、取暖，或做出引人注目的事，證明自己的存在。其實，所謂的存在感不是廣受關注，活在別人眼中，而是成為眾人的需要，才會真正活在人們心中。

認真去想，自己可以做哪些事情，讓這世界變得更美好。不要認為自己力量很小，做的事很渺小，沒什麼善行是微不足道的。這就好像「沙灘上的海星」故事所描述的：一個小女孩一直把沙灘上被曬乾的海星丟回海裡，當路過的人嘲笑她：「小妹妹妳太天真了，這沙灘上擱淺的海星不知道有多少，就憑妳一個人，又能幫多少海星呢？」，她回答：「我也許沒辦法拯救所有的海星，但對於那每一隻被我丟回海裡的海星來說，我卻改變了牠的命運。」

你希望這一生留給世界什麼？這個世界因爲你而有了什麼改變？

做任何事，要常問自己，「這會不會讓世界變好一點？」如果會，就去做！哪怕是只種下花苗在土地上，移除石頭讓行路人不被絆倒，說句寬慰人心的話；僅僅使得一個人，因為你的緣故而變得更好，活著就有價值。

人生短短數十年，生前費盡心思得到的，帶不走；曾經窮其一生追求的，留不住，最後連軀體都化為烏有。那麼在這個世界存在短短數十年的意義究竟

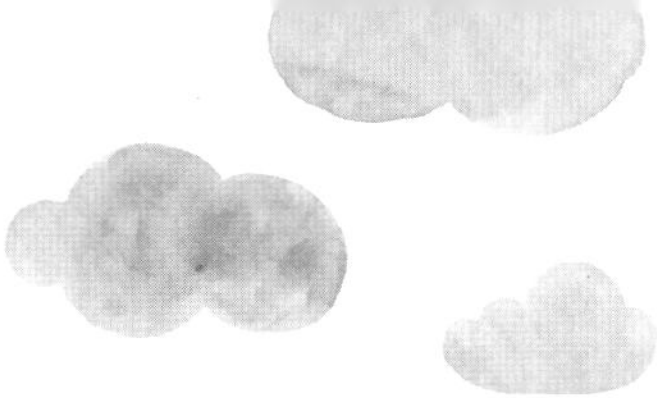

是什麼？

何妨想想，如果有一天離開人世，還會剩下什麼？

你希望這一生留給世界什麼？這個世界因為你而有了什麼改變？

當你走了，你想留下什麼給後人？當別人想起你時，最懷念你做了什麼？

記得做一件讓世界變得更美麗的事情——讓周遭的人因你的存在，朋友因你的存在，家人因你的存在，世界因你的存在而變得更好，那是你存在的意義。

◆人的價值不在擁有什麼，而在付出了什麼。

◆重要的不是取得了什麼，而在貢獻了什麼。

◆重要的不是占有過什麼，而是留下了什麼。

◆重要的不在於活得多久，而在活得有意義。

◆重要的不是認識多少人，而是有多少人記得你，懷念你。

高寶書版集團
gobooks.com.tw

HL 074
所有經歷，都是為了成就更好的你
作　　者　何權峰
主　　編　吳珮旻
編　　輯　賴芯葳
內文排版　賴姵均
美術編輯　林政嘉
企　　畫　鐘惠鈞

發 行 人　朱凱蕾
出　　版　英屬維京群島商高寶國際有限公司台灣分公司
　　　　　Global Group Holdings, Ltd.
地　　址　台北市內湖區洲子街 88 號 3 樓
網　　址　gobooks.com.tw
電　　話　(02) 27992788
電　　郵　readers@gobooks.com.tw（讀者服務部）
　　　　　pr@gobooks.com.tw（公關諮詢部）
傳　　真　出版部 (02) 27990909　行銷部 (02) 27993088
郵政劃撥　19394552
戶　　名　英屬維京群島商高寶國際有限公司台灣分公司
發　　行　英屬維京群島商高寶國際有限公司台灣分公司
初版日期：2021 年 2 月

國家圖書館出版品預行編目 (CIP) 資料

所有經歷，都是為了成就更好的你 / 何權峰著. --
初版. -- 臺北市：高寶國際出版：高寶國際發行，
2021.02
　面；　公分. -- (生活勵志；HL074)

ISBN 978-986-506-000-8(平裝)

1. 修身　2. 生活指導

192.1　　　　110000134